婚久必合

讓恩愛續燃的62個提案

羅乃萱 著

序

何志滌

常常聽到「婚久必分」，原因是整個世界的離婚率不斷在增加，離婚的理由很簡單，就是「合不來」。甚至會聽到說：「因誤會而結合，因了解而分開。」

假如看這本書的名字「婚久必合」，我相信大家心裡有數，就是與坊間的觀念背道而馳。我與乃萱結婚已經超過四十六年，再過四年就是「金婚」，也是「半個世紀」，更重要是我們的關係更恩愛親密，更多人說我倆愈來愈有「夫妻相」。

當我看了這本書的初稿，心中很想為這本書寫序，沒想到妻子和編輯都同意。寫序，也是基於以下三個理由：

1－我認同妻子的觀點，婚姻需要培養滋潤，彼此的愛才能續燃不滅。

2－我仍深深相信婚姻制度。雖然很多人會說：「結婚與同居差別只是一張結婚證書，可有可無。」不過，結婚證書不是一張紙，而是一個「盟約」，是雙方都要遵守的，一生一世的。

3－我要謝謝作為妻子的作者，因為我們雖然個性喜好甚至興趣大不相同，她不單接受這些異同，並能從這數十年的相處中彼此磨合，我的興趣成為她的（如打保齡球），她的興趣成為我的（如看警匪電影）。皆因這份永不止息的愛，讓我們開開心心，歡歡喜喜，帶著感恩，走過四十多年的美好歲月。

所以，這不單是一本紙上談兵的婚姻指南，更是作者言行合一的實踐、經歷、看見、反思……深信正在閱讀此書的你，也會被這份夫妻之愛所感染感動……

自序

婚久必合，是我的信念，也是我的堅持。

記得跟外子何志滌牧師一同主領婚姻講座的時候，他最愛講的就是：「夫妻之間一定不可以說的兩個字，就是『離婚』」！為甚麼？因為說得多，就很容易成真。

過去的日子，曾做過不少婚姻（特別是婚姻復合）的輔導，陪過不少夫妻走過那條風雨飄搖的婚姻路。通常的情況是：丈夫有外遇，被太太發現了（如看到手機的親密信息），太太崩潰了，來見輔導。第一次會面，我最愛問的一句話就是：「你仍愛他嗎？」如果愛，萬事有商量。很多時候，她們雖然邊哭哭啼啼，但心底仍是「深愛」。還記得有一個她說：「當然愛，否則怎會這樣傷心？」

跟著，因為愛，她們願意學習重新面對。面對個人原生家庭的傷痕，面對個性的缺失，面對丈夫的不忠但選擇饒恕，當然還有心中的信念：上主的恩典夠用。就是這樣，我目睹一對又一對的夫妻，從分手的路上迴轉，重新牽手。有一對甚至願意重訂婚盟，就是將結婚戒指溶掉，重新設計一對新的。還記得那個晚上，我們幾對好朋友見證他倆復婚，感動不已。

婚久必合背後的信念是：大家生活了幾十年，就像老朋友般，很熟悉了。要爭拗的，早在年輕的日子吵過了。中年以後，就是要學寬容、放手，甚至想想該怎樣與另一半重尋夢想，重新出發。

這本書，是為結了婚一段時間的你寫的，更是獻給那些開始慶祝結婚N週年的你們寫的。我把在《晴報》（網上版）的恩愛密碼專欄，及《天使心》雜誌專欄的文章，透過編輯的重新整理湊合，成為這本「心法」。用「心法」兩個字，因為我是從「心」而書，也嘗試在生活中，心口合一的實踐。在此，深深祝福正讀此書的你：婚姻美滿，恩愛續燃，天長地久啊！

羅乃萱

目錄

第一章

愛的要訣

Chapter 1

1 經營婚姻的十個微習慣

別以為結了婚，婚姻就穩固。人生不同的階段，會面對不同的衝擊、誘惑、挫敗，說到底，婚姻是需要雙方共同經營的。而經營不是偶爾慶祝結婚週年，記得對方生日買一份禮物就算，是每天一點一滴的用心經營，維繫彼此愛的關係。以下是耳聞目睹一些恩愛夫妻的微習慣：

1－當看見配偶打電話給自己時，盡可能去接。即使當時在忙，也趕緊回電，讓配偶知道：你緊張他/她。

2－不要把所有時間心思都放在孩子身上，配偶才是最優先的呢！

3－每個星期選起碼一段拍拖時間（即使短短兩三個小時也好），放下孩子，兩個人外出好好吃一頓飯。

4－如果意見不同，不是爭輸贏，而是找個時間大家安靜下來，找出問題所在，再想辦法好好解決，絕不死拗。

5－在美好的婚姻關係中，「吃虧就是便宜」、「遷就就是成全」，在不斷磨合中，會逐漸明白的。

6－在情急時需要彼此忍耐將就，配偶比我們的日程表更重要。（不要因為心急趕時間就隨便向對方發脾氣啊！）

7－男人需要尊重敬重，女人需要關心與愛顧，明白了就去實踐，會讓夫妻關係愈來愈好的。

8－多跟身邊的恩愛夫妻們做朋友，彼此耳濡目染，會更懂得如何逗配偶開心。

9－一定要戴婚戒，因為這是對配偶的承諾，也是讓身邊人知道你「已婚」，杜絕誘惑。

10－當我們恩愛，旁人看見，孩子也看見，更會成為他們將來效法的好榜樣。

這些都是肺腑之言，尤其第十點，認識不少婚姻美滿的朋友，他們的下一代在交友與擇偶的過程中，都有「美好的收穫」。有些更因父母的榜樣，生下幾個孩子，並享受為人夫／妻與為人父／母的過程呢！

2 夫妻之間的十個「要」

跟大家分享夫妻之間能維繫恩愛的十個「要」吧！

1－要定期約會：很多時候因為孩子出生，夫妻之間就忘了約會的重要。真正的約會就是兩個人，離開家中的柴米油鹽醬醋茶，兩口子喝喝咖啡、度個假、看一場電影、吃一頓豐富的自助餐，都是兩個人約會的好主意。

2－要經營浪漫：不要覺得結婚久了，就不用「浪漫」了。浪漫的意思就是「意想不到」，不妨在配偶生日或結婚週年，為她／他製造浪漫的驚喜。像那年我生日，沒想到配偶居然買了一束鮮花送到電台，我還以為是哪個神秘嘉賓送的，後來當然帶給我很大的驚喜，更明白到女人嘴巴中的「不愛收花」只是託辭，當看見自己收花時別人的豔羨目光，感覺是有點飄飄然的開心啊！

3－要彼此服侍：就是無論任何時刻，能為配偶送上貼心的服務，那就是愛的行動。如泡一杯茶或咖啡，煮一頓他愛吃的牛排晚餐，或日常的掃地吸塵等等，讓家中窗明几淨，大家都住得舒適，都是一種彼此的服務呢！

4－要向對方示愛：表達愛意對東方人來說是不容易的。但如果記得愛的五種語言：說出來（或打在 WhatsApp 中，說一兩句 love you、miss you 也好）、送小禮物（知道配偶愛吃的零食，可以買來逗他開心）、服務行動（幫他按摩、泡咖啡等）、身體語言（每天回家擁抱一下，讓對方感受到愛意）、精心時刻（就是上述的定期約會，要刻意安排營造的）。

5－要好好溝通：有人說，如果夫妻每天能好好聊天三十分鐘，在這段時間不看手機不回電郵，盡量用心溝通聆聽，夫妻關係一定更上一層樓。

6－要有共同夢想：不要老問孩子有沒有夢想，夫妻之間也要有共同的夢想。特別中年以後，擁有共同的夢想，更可以攜手同心走未來的人生路。

7－要包容饒恕：夫妻之間不該有「隔夜仇」，有甚麼誤會最好當天解決。不翻舊帳，過去讓它過去，別讓芝麻綠豆的瑣事或小誤會來破壞夫妻之間的感情。

8－要尊重禮待：夫妻之間如果能相敬如賓，仍然會跟對方說「唔該」、「謝謝」，彼此更能和諧共處。

9－要搞好姻親關係：兩個人的結合也是兩個家庭的連結，特別跟配偶關係出現緊張時，姻親可以是最大的後盾啊！

10－要彼此為友：不少調查都說，恩愛夫妻是彼此間的知心好友。夫妻間能坦誠相對，剖心置腹的話，婚姻的路自然能愈走愈闊，愈走愈順啊！

3 提升幸福的六個關鍵

最新的一份「香港家庭幸福指數」調查顯示，香港家庭的幸福指數最新得分為「6.06分，比二〇二二年輕微下跌0.04，但卻是自二〇二〇年後連續兩期下跌，反映港人家庭的幸福感只屬一般。」

更有趣的現象是：高收入家庭的幸福感持續下跌。也就是說，「有錢不一定有幸福快樂」。這調查的另一個明顯的指標，就是「家庭健康」較二〇二二年明顯下跌（可能跟疫情有關？），而「家庭資源」顯著上升；「社會連繫」在三次調查中皆是得分最低。各個家庭都是「自己顧自家」，對外的社會參與程度很有限。

根據哈佛大學有關幸福學的研究，指出有六個關鍵要素與晚年幸福息息相關：

1－緊密的人際關係：那些能安享晚年的長輩，很多都是有一大票好友，一同旅遊一同享受，有時會推心置腹，有時卻閒話家常。總跟家人、好友保持著美好自在的關係。

2－孜孜不倦的學習態度：我身邊的退休朋友，很多都不言休，而是到處上堂拿學位。有一位跟我說：「小時候很想唸藝術，但媽媽不給！現在不單嫁人生子，也存了不少私房錢，終於可以自己供養自己，選自己喜歡的科目來唸了！真好！」

3－遠離煙酒的健康生活：知道吸煙危害健康，酗酒也是一樣。所以一定要戒絕遠離，否則後果不堪設想。

4－維持健康的體重：不吃太飽或太餓，也不宜太胖或太瘦。還記得當年一位醫生覺得我減肥減得太瘦，不停勸我多吃點東西讓體重均衡一些。因為知道如管理不善，甚麼心臟病、高血壓、糖尿等，通通都會「不請自來」，而這類病都是「易請難送」啊！

5－定期的運動：打球步行，瑜伽或體能訓練，最好是那些帶氧運動，做到會「出汗」的，最好。而運動的時間最好是一星期三次，每次半小時。

6－面對問題能以正面積極態度解決：不逃避，也不會把責任推到別人身上，而是能以正面與創意的態度，面對及解決生活中大大小小的難題。

其實如果做到這六點，不單長者能享幸福，對我們每一個人都很有啟發呢！

4

夫妻之間的默契

他是個體貼入微的丈夫，她是個人見人愛的妻子。兩個人相知相識相愛近五十年，今天見到他倆，仍是恩愛如昔。而且總是夫唱婦隨，很有默契。

像今天，他告訴我退休後第一個夢想就是重拾吹色士風的樂趣。

「沒想到，老婆一聽到我要吹色士風，她就說要跟我一起學！」

「她不是愛彈吉他的嗎？」

「是啊！但我學甚麼，她也會跟著！」說的語氣，是甜絲絲的。

看著他倆，結婚多年仍是手牽著手過馬路，仍是坐下飲茶老公就會自動斟茶遞水還有剝蝦殼。說到近日湊孫樂，他倆更會說個不停：「她負責做好人，我做醜人！」原來她的好人就是乖孫要甚麼都 yes yes yes，而他則是 no no no。

「這樣說來，乖孫一定會親婆婆多些。你不會吃醋嗎？」

「不會啊！這就是我們的角色定位，數十年如此！當父母的時候也是這樣啊！」

我想，這正正是恩愛夫妻經年累月培養出來的「默契」吧！而這些默契的形成，不外幾個原因：

1－要有一種認定對方，打死不離的堅決：這是一對結婚超過八十多年的夫妻的秘訣，就是「從不說離婚」及「打死不離」。認定對方就是廝守一生的，及盡量爭取時間在一起。有空間，有時間，才能建立默契。

2－接納彼此個性的差異，同時也明白人是會變的，是會彼此感染的。隨著年歲漸長（或老），我們的工作、心態甚至朋友圈都會變動，彼此的步伐心態也需要調整適應。而所謂「適應」，通常都是一人行一步（或一人退一步），並取他的長補我的短，這就是建立默契的要訣。

3－一同夢想找尋新方向：要有共同目標，去沒去過的地方，一同做沒做過的事，或一起當義工去，讓生活增添新的色彩。而在一同嘗試之中，也可漸漸培養出「新」的默契啊！

4－要有幾對志同道合的老友：身邊好幾對朋友，見到他們愈來愈恩愛愈有默契，其中一個很重要的原因就是他們幾對老友連結成一個「飯局」甚至「小小的旅行團」，做甚麼玩甚麼都是一起的。不單培養夫妻之間的默契，更培養了「老友記」之間的默契與情誼。

5－無論怎樣都要保持個人獨處的 me time：常常覺得一個人要懂得反省才會進步，夫妻之間也要有反思的空間，才能平靜地放下成見，繼續磨合。而這些空間就是需要從「個人的獨處」，學習與自己對話之中培養的。對我來說，更是個人修養的基本功。

5 懂你的……

好友問我，甚麼是恩愛長久的夫妻關係？夫妻如何能成為靈魂伴侶，就是怎樣培養夫妻間的共鳴相通？想著，就拿起筆來，先在個人臉書專頁寫下了十感，仍意猶未盡，寫下這十種感受的觀察與細節：

1 懂你的就算不用言說，也知道你想說甚麼。還記得多少次，還沒開口，只要看到我的臉色，他就會問：「發生甚麼事？看樣子你好像不大開心啊！」

2－懂你的就算你失控，發多大的脾氣，他都會默默守在你身旁。還記得那個晚上，我被她的嘲諷氣得語無倫次，他只是默默在聽，還會不時拍拍我的肩膀，叫我別氣傷了身體。

3－懂你的就算他多累，見到你渴了，就會送上一杯涼水。還記得多少的年日，即使他下班多累，他都愛為我泡南非國寶茶，我咳嗽的日子，他為我泡陳皮水，從不言倦。

4－懂你的知道你的喜好，就算多山長水遠，他都會為你張羅。從過往不知道怎樣買禮物給我，到今天完全洞悉我的心意。在跟我逛街的日子，寸步不離，觀察我在哪兒停駐，看到那件鍾愛的披肩，他竟然偷偷買來送給我，製造驚喜。

5－懂你的見到你生病，他會比自己生病更緊張。記得多少次感冒，他急得如熱鍋上的螞蟻，為了不讓他太緊張，有些時候我會故意不把病情相告。

6－懂你的不介意你口沒遮攔，因為他明白你其實言者無心。吵架的時候，誰都會口出狂言，但他從不把這些話放在心上，也不會翻舊帳。

7－懂你的見到你錯漏百出，還是會笑意盈盈告訴你：沒關係。我這個大頭蝦，有時會忘了帶八達通，最近更是一不小心把車子「撞埋」牆角，告訴他的時候，他只問：「人怎樣？有受傷嗎？」

8－懂你的看見你頹唐落寞，他會默默聆聽你傾訴，不會對你長篇大論。當然經歷過失意失業失敗的幽谷，他會默默守候，專心聆聽那「蠻不講理」的訴說，卻從不會跟我大談甚麼夢想道理，因為他深知道在這谷底的日子，需要的不是道理，是陪伴。

9－懂你的看見你在嚎啕大哭，他也會流著眼淚，同理你的感受。最感動的聆聽，是他看見我哭，心痛，也陪著我哭了！

10－懂你的看見你對夢想的火漸漸泯滅，他會用盡各種方法，鼓勵提點，讓我能重燃夢想的火，繼續努力向前奔！

這些話，這些情，都是這些年身邊最親密的那個給予我的關愛。無言感激，也願讀到這篇文章的你，找到「懂你的」那一位啊！

6 每天為配偶做的十件事

這天，見到很想重建關係的她與他。

「我們走過一些難關，很想重建彼此的關係，有何好的建議？」因為他們覺得人生的下半場，需要彼此同心努力，特意約我給他們一些意見，也激發我想出了十個可以實踐的點子，也可給大家參考：

1－微笑：每天早上起來，給配偶一個發自心底的微笑，最好加上一句「我愛你」。

2－學習：找一些項目是大家都感興趣的，可以一同上課學習，讓配偶成為「同學」。如一起學油畫、上一個輔導的課程等。

3－玩耍：約朋友回家，一起玩玩久違的「桌遊」，特別是童年醉心的，如「大富翁」，可能勾起不少童年的回憶呢！

4－換位：就是穿上「對方的鞋子」，設身處地來理解配偶的處境與問題，這種「換位思考」會讓我們更了解對方。

5－包容：對方一定有缺點，開始時可能覺得難以忍受的，但後來卻發覺就算他是「這樣」也「無所謂」，這就是包容了啊！

6－欣賞：每天看到對方的優點，並告訴對方。如果每天表達欣賞是太多太難，那就從每週開始，找出對方三個優點：如體貼、細心、努力等，然後告知配偶。這些欣賞就是為彼此的關係「加分」。

7－謙虛：就是覺得自己不一定是對的，仍有很多需要改善並向配偶學習的地方，面對衝突更不是要「贏」了爭辯，而是在情緒過後大家可以心平氣和地談談。

8－善良：心存善念對配偶與周圍的人，會發覺我們多了很多朋友，圈子也會愈來愈大啊！

9－感恩：不要視配偶所做的是「理所當然」，要懂得感謝感恩，彼此以禮相待，關係自能親密持久。

10－堅持：很簡單，就是堅持實踐以上九點，不要輕易放棄。

7 中年幸福婚姻的特質

這陣子，有機會見到退休的他跟她夫妻倆，真正的夫唱婦隨。一星期七天，有兩天約了好朋友行山，有一天一同去健身，一天就跟朋友打乒乓球，還有一起去試新食肆，恩愛之情羨煞旁人。

最近讀到美國兩性專家史瓦經過長年的觀察，發覺中年後仍擁有美滿婚姻關係的夫妻，多半具有以下五項特質：

1－接受彼此都在變，而不是一方在變。這也是成功婚姻關係的基石，就是欣然接受對方的改變，而不是要求對方變成我「心目中的理想形象」。而更有趣的現象是：當我們願意改變，對方也會開始改變。

2－可以吵架但別吵到底線：所謂底線，就是不會翻舊帳，不會惡意攻擊，更加不會提「離婚」兩個字。良性的衝突與討論，其實可以增進夫妻感情，了解彼此的想法與感受，學習包容彼此的差異，夫妻感情反而有增無減呢！

3－願意一起接受新事物：換句話說，會樂意迎接新的挑戰：去一些沒去過的地方，大家一同學些沒學過的課題等等，讓心靈更加充實健康。

4－享受獨處：恩愛不代表要一天到晚黏在一起，而是大家都有個人獨處的時間，可以反思，與真我接觸，找到自己的夢想。一直相信，一個真正懂得愛自己的人，才會懂得愛人。

5－要培養親密感：感情好的夫妻，會懂得在生活中製造各種情趣，或為對方按摩肩頸等，都是一種傳達濃情厚愛的方式啊！

看看這五點，他倆絕對是「過之而無不及」。就像這天，在街上碰見他跟她拖著手逛街，原來兩口子打算在中環吃過飯後，約了朋友打乒乓球。看著他倆的背影，心中不禁問：「我到底何年何月可以退休，像他們這樣優哉游哉呢！」

第二章

結伴同行

Chapter 2

1

女人愛Go，男人愛No

這天，幾個女人逛超市，不亦樂乎！

「好自由啊！終於可以見到甚麼就買甚麼，沒有人管！」

「我也是！每趟到超市想買東西，老公總是說：『家中已有，不用買！』」

「對，對！就是當女人正想將購買慾付諸行動時，他就會適時阻止！」

「實不相瞞，我老公愛用的金句卻是『買來沒用』！」

縱使咱們七嘴八舌談男人的No，姐妹們也十分珍惜這趟購物大解放的機會。

後來，跟不同太太都聊過，大家不約而同表示，寧願一個人逛超市，比有老公陪著逛自由自在多了。

因為女人有超強的購買慾。所以廣告商也是朝著女性這弱點進攻的。記得許多年前修讀一個有關女性傳媒的課程，當中一課談到廣告客戶都是以女性為對象。為了吸引女性購買，所以廣告的用詞聲調處境，都以女性熟悉的場景為主。時至今日，仍覺得這些觀察都是真的。

不過那天姐妹們的對話，卻集中在如何應付老公的No：

「我打發他去買別的東西，轉移他的注意力，叫他不用跟著我走！」好橋！

「我會跟他說清楚，家中真的缺衛生紙，即使不缺，買多了可放著，總比缺貨好！」欣賞她的堅持。

「我索性不讓他跟我去超市，免得又因為『要買不能買』而吵架。」說的也是，但阻止得一時，卻未必能阻止一世。

這也是男女其中最大的不同。女人的購物慾，是出於衝動，也常常是漫無指定目標的，所以進到超市，明明說只買衛生紙，卻可以買了一包兩包其他東西回家，讓男人摸不著頭腦。至於男人，除非「必須」，否則不會輕易掏腰包購物。而男女的配搭，也就在一個衝動，一個審慎之下取得平衡吧！

2

女人的閒話家常

這天，他不介意夾在兩個女人當中，跟我們吃飯聊天。

男人的談話，通常簡潔到位。女人嘛，如果描述一件事，就會把事情的時地人還有開始過程結束等，都能毫不遺漏的描述。所以一個男人夾在女人堆中要發表自己的看法，一是找不到「空檔」插嘴，或是「一句起兩句止」就算了。

就像這天，真佩服他能適應兩個女人的跳躍式思維，仍樂此不疲的回應。

「你怎能這樣適應？」

「因為家中老婆也是這樣。幾十年了，還不適應嗎？」說得真好！

夫妻的相處，男女的不同，正正需要的是他這種「看得開」的心態。而女人的閒話家常，向來就是這樣。沒有特定的題目，說說自己的事，也說別人的「閒事」。更有趣的是幾個女人愛聯群結隊上廁所，其實不一定是人有三急，有的是去補妝，有的是「繼續分享在飯桌上未完或不宜男人聽」的話題。

很多男人以為女人講閒話或埋怨，就提出不同的解決方案，女人其實都心中有數。她們需要的，是男人的理解與認同。

不信，請留意一下女人聊天時彼此的回應。不外乎那幾句：「這是真的嗎？」、「如果我碰到這種事情，也會好難過啊！」還有她們分享時瞪大眼睛，目瞪口呆的「誇張」表情，這就是女性之間的「共鳴」，男人可以從觀察中「偷師」。

還有一個貼士，如果不知道該怎樣回應女人的埋怨，就「重複她的話」好了。如她說：「我很沮喪！」可以回應「是啊，你的臉色看起來也不大好，真的有點沮喪！」但有一句話千萬不可以重複的，就是她說：「我最近胖了！」可千萬別回應：「你真的胖了很多！」原因為何？哈哈，我相信你懂的！

3 女人愛新鮮

這天，幾個女人談到去哪兒吃飯，不約而同的表示：「我們都愛去新地方，最好是沒去過的。這才夠新鮮！」

「我也是。不單地方要新鮮，吃的食物最好是那些沒聽過的菜名，從沒吃過的，我都想試！」我特意加把嘴。

貪新鮮，愛冒險，是咱們不少女人的「本性」。至於男人，十之八九都愛去老地方，吃同樣的菜，喝同樣的茶。

「是啊，老公們覺得這樣才是安全，穩陣！」

「對啊！因為這是他們熟悉的地方，會吃得自在安心。」

原來，天下「老公」都是一樣「戀舊」，不愛新嘗試。外子也正是如此。拍拖的日子，他曾跟我說：「他日婚後，每天煮同樣的菜都沒問題，我習慣的！」因為他唸大學的那些日子，天天都可以獨吃一味，就是「芽菜腸仔雞蛋炒飯」。

我卻完全不能這樣過活。每天的早餐，最好不一樣。逛超級市場，最愛試食不同口味的食物。至於去餐廳吃飯，更會看雜誌選一些從沒去過的。

記得有趟，外子問我為何要訂這所餐廳？我的回答是：「沒去過。」

「沒去過怎知好吃？」我知道他的潛台詞是「如果去我們熟悉的店，起碼知道他們烹調的水準，吃也吃得安樂。」

「因為雜誌介紹的啊！」

「但雜誌的介紹可能是廣告呢！怎可輕易相信……」但女人貪新鮮的那股蠢蠢欲動，不是理性數據所能阻擋的啊。

在女人眼中，即使到了那家新店，食物不怎麼樣，服務態度也一般，頂多下次不來。但那種「很想知道去了那是個怎樣的地方」的這份期待，卻是女人生活的一種樂趣。

女人甚麼時候不再貪新鮮？可能要等再提不起勁去新地方時，便安於在老地方吃喝！

4 個性的互補

這天，從教會跑出來，坐在門口的他問：「老公沒來嗎？他在哪兒？」

「他走得比我慢，在後面！」我笑意盈盈地說。

「是啊！這就是夫妻的配合互補，一快一慢，一急躁一淡定……我見過很多夫妻都是如此啊！」

真是智者之言。不過，這些話要結婚幾十年的人，才能參透。

剛開始的時候，夫妻個性不合，大家都看不慣彼此，就會不住數落：

「他就是做甚麼都快，吃飯快，走路快……完全不理我仍在慢吞吞地吃！」

「她就是愛買東西，到了商場就像著了魔似的，我不住說『別買了』，她就是不聽。」

夫妻個性不同，見過不少例子：一個急先鋒，一個慢郎中。一個脾氣火爆，一個氣定神閒。一個情緒大起大落，一個淡定自如。我跟老伴也是一樣。

只是，大家從開始的摩擦，不理不睬的冷戰，到最後的彼此接納與欣賞，覺得這是天作之合的互補，是一個漫長的過程。當中最需要的，是先去了解與接納對方，而這正正是每個人的內心渴求：渴望被欣賞、接納。當一個人感覺被接納的當下，脾氣會軟化，萬事開始有商量。

感激身邊的他，一直在接納我的急性子，在我怒氣高漲的當下，他往往一兩句提醒，可以把我從怒火中燒的處境中，驚醒過來。就像今天，收到一個莫名其妙的信息，而且很不客氣。當下真的有點受不了想回應，怎知老伴說：「為這些人生氣，傷了自己身體，值得嗎？」

不值得。一想，讓自己情緒安定下來。一陣本來燃起的怒火，就被一兩句話淋熄了。

看著身邊氣定神閒的老伴，愈來愈覺得咱們的結合，真是絕配啊！

5 分享內心世界

這天見到新婚沒多久的她，一臉沮喪。

「你的樣子很不開心啊！是不是你們兩個的關係出了甚麼問題？」

「也不算！只是婚後的他，工作很忙碌，每天晚上很晚才回家。想跟他談談心事，他總是以身體疲累推搪，好像不愛跟我聊天似的！」

「那你最想跟他聊哪些問題？」

「就是他的內心世界，喜怒哀樂等，我都想知道啊！」

但這並不是男人的強項。很多男人天生不愛講話，就算談起話來，也不外是那些離心的話題，如汽車、足球或財政預算案等等，絕少談及自己，特別是個人的感情世界。

若要逗你家的男人跟你談心事，就要懂得問問題。特別是哪些可以彼此連結，讓彼此更深入了解的話題。如：

「假如你有假期，又不用考慮經濟能力的話，你會想去哪兒旅遊？」

「在過去的歲月裡，你最開心／最珍惜／最難忘的是哪一個階段？孩童時代，中學時代，大學時代，還是出來工作的那些年？」

「你覺得在我倆的關係中，有哪些地方是需要改善的？」

「活到現在，你最害怕的事情是甚麼？」

「在你的人生之中，對你最有影響力的人是誰？他怎樣影響你？」

「你覺得生命中不可或缺或不能沒有的是甚麼？或不能沒有的人是誰？」

別小看這些題目，題題都是需要推心置腹的分享。若真的坦誠分享，兩個人就會更連結。還記得最後一題，是某天我跟老伴的討論題目，最後，當然有提到彼此的名字，也認定對方是生命中的重要人物。這樣一談，不單讓彼此了解之餘，也增添了不少愛意。

當然，也有些搞笑或未來版本的問題。如：

「假如你可以擁有一項如蜘蛛俠般超能力的話，那會是甚麼？是身體的能力，腦袋的，還是心靈上的？」

「如果有平行時空的話，你希望自己活在哪個國家，哪個朝代？你會在哪兒幹嘛？」

「如果你下輩子變成一種動物，你要當什麼？」

這些看似平常輕鬆的問題，其實也是詢問配偶對未來及對自己的看法。不只是想像問題這樣簡單。所以，當姐妹們想身邊的男人分享內心世界，從來不是一件輕而易舉的事。需要多花腦筋想想，需要多點耐性，更重要的是有智慧的分辨與提問啊！

6 忍氣吞聲不是辦法！

這個早上，跟一群銀齡夫妻（五十歲以上）分享婚姻相處之道。目測在座的聽眾，結婚超過四十年的，比比皆是。

曾讀過一個有關銀齡夫婦婚姻狀況調查研究顯示，銀齡夫妻仍會衝突不斷，而引起衝突的原因，都是跟溝通有關：如伴侶不明白我真正的感受和需要，又或者伴侶（通常是老公）愛留在家中哪兒都不想去，卻要太太相陪，太太卻覺得先生在限制她的自由等等。

這天講座結束，一位先生就問：「剛才提到氣在心頭，不要跟配偶爭論，但是否從此就忍氣吞聲。這樣的話，大家心中的鬱結會否愈積愈深？」

當然會。

人在爭吵時，兩個人都不理性，很容易「出口傷人」，所以盡量不要在生氣時爭論。但也不宜拖得太久，因為過了一陣子，同一個主題再出現，大家又會翻舊帳，舊事重提的了。

「所以最好的時機，是當天大家的氣消了，就坐下來好好的談。」其實，兩公婆爭論的議題，總離不開金錢、婆媳姻親、工作、成癮行為（如打機、購物等）或兒女管教等等。知道問題所在，就拿出來談談可行的解決方法，試試求同存異，又或者其中一方肯讓步。最近聽到最感動的故事，是一對夫妻移民外地，但太太在彼邦無法適應，丈夫便決定放棄那邊的居留權，與太太孩子回港定居。

當然，簡單如彼此的興趣不同，老公愛行山，太太愛做瑜伽，我就會建議他們找另一項新的項目，大家一起去學，藉此培養夫妻感情。結果，夫妻倆決定去學打羽毛球，如今樂在其中呢！

總之，氣在心頭就等氣稍消，然後跟配偶好商量，就會發現原來大家的想法並非南轅北轍，而是很接近呢！

7 吃喝玩樂的好朋友

年輕的時候，我跟外子的朋友是「分開」認識的。可能因為大家的工作地點、性質不同，結交的朋友也不一樣。

但隨著年歲漸長，愈來愈覺得交一些夫妻均認識的共同朋友是「必要」的。友人也告訴我，子女大了，有自己的家與孩子，臨近退休的他倆，愈來愈感覺「朋友」的可貴。

只是很多人都說，年過半百，還有機會認識新朋友，再有時間空間開始一段新的友誼嗎？

「絕對有！」友人斬釘截鐵地說。

「像我跟老婆最近愛上打乒乓球，在市政局的球場就認識一群熱愛乒乓球的朋友，大家一星期相約幾天打球，不久就熟絡起來。」

說的也是。屈指一算，我跟外子也有不少這類志同道合的好友，有的是「食家」，有些是愛行山的，有愛出海的，也有一些愛玩桌遊的。

「這種吃喝玩樂的朋友，也可以當朋友嗎？」友人一直怕交朋友，所以對友誼存疑。

「只是，很多深交的朋友，都是從吃喝玩樂普通的友誼開始的，要踏出第一步才會看見下一步啊！」

「但你們這麼忙，哪有時間交朋友？」

錯！正因為工作忙碌，我們夫妻就更需要朋友，因為他們常常是我們人生旅途上的天使或啦啦隊。記得最近因為到口罩店買口罩，得知該產品是一種特製的滅菌口罩，身邊好友均大力推薦。沒想到竟有機會認識了老闆，一位年輕充滿幹勁與魄力的女士。更沒想到的是，我的好友竟也是她的好友，而咱們也因為這位「共同朋友」而變成好朋友，我連忙把外子也介紹給她認識。如此，就開始了一段新的友情。

所以別說中年交不到朋友，問題只是：我們是否願意踏出一步，向對方伸出友誼之手啊！

8

培養共同朋友

這個晚上，我們六個老友，仍維持昔日的「傳統」，來一個「大閘蟹」宴。說真的，吃大閘蟹不是最重要的，重要的是彼此之間十多年的情誼。

還記得，十多年前，收到其中一位朋友的電話：「喜歡吃大閘蟹嗎？我約你們夫妻倆跟他們幾對，一起到我家吃好嗎？」

當然好。特別祖籍浙江的我跟外子，對大閘蟹是情有獨鍾。尤其上一代過身之後，鮮有機會可以好好吃一頓。那是第一次的見面飯聚，雖然來自不同背景，本來只是泛泛之交。但在每年兩度飯聚之後，就開始熟絡起來。天南地北，無所不聊，更興起一起旅遊的念頭。結果，真的一行六人去了台北旅行。其中一位行政較強的太太，更為忙碌的為我們安排妥當，打點一切。

記得一位前輩曾這樣提點，人到中年，一定要有三「老」傍身：就是老伴、老本跟老友。特別是老友，不用太多，幾對就夠。大家一興起，就可以用 WhatsApp 邀約，選了日期時間，就四出找好吃又便宜的食肆大快朵頤。跟這些老友吃飯，比過往應酬一桌十二個（很多時候大家更是各不相識），感受很不一樣。

那些年輕的日子，很想結識多些朋友。對於應酬，總是來者不拒。現在年齡、心境都不一樣了，特別怕去那些既陌生又吵鬧的場合，跟人午餐晚餐都是二人或三人組合，不會超過四個人。至於那些「大夥兒」的約會，就是咱們這個六人「大閘蟹」組合了。

更開心的是，隨著歲月流轉，我們的聯繫一年比一年多，傾談的也一次比一次深入。而另一方面，我也刻意培養跟外子一起的「共同朋友」。怎樣認識？就是興趣的結合，所以我們有「中年好乒乓組合」，或「中年旅行組合」或「閱讀」、「公公婆婆組合」等等。好讓我們在馬不停蹄的忙碌日子中，仍有不少可以跟朋友訴訴苦，喘喘氣的空間。

有人說，這是個「低歸屬感」的時代。表面上，我們收到的資訊多了，聯繫互動也即時了，但不見得人與人之間有深度的連結。我們寧願跟人WhatsApp，也不願跟人用電話聯絡。我們寧願用zoom，也不去跟人面對面溝通。正因如此，我們更加要著力與人聯繫連結。這些夫妻間的共同朋友，就正正是一個好開始呢！

9 夫妻的共同嗜好

聽過不少夫妻都這樣說：「我們的個性很不同，而且興趣也很不一樣！」所以，老公有老公去打高爾夫球，老婆有老婆去打網球。

最近，碰到久違的她，便一直跟我抱怨說：「我們都退休了，滿以為那時他工作忙，沒空陪我。現在他有空了，卻怎也勸不服他跟我去行山！」

「更沒想過的是，除了孩子，我們幾乎沒有共同話題。但現在孩子長大了，有他們的世界，我倆連這個共同話題也沒有了！」

聽來真是唏噓。本來退休之後，是夫妻相處的另一個「黃金時期」，因為真的可以「日對夜對」。怎料，對她來說，卻是不折不扣的「婚內失戀」啊！

「試試培養共同興趣，找一些大家都感興趣的活動，這樣便有共同話題了！」

因為培養了共同的興趣，同心鑽研同一件事情，很快就會產生共鳴。而所謂共鳴，就是心與心的相通靠近，默契也因此而生。

像我跟老伴，現在一起去健身，一起去學乒乓球。最大的好處是，彼此的共同話題多了。由於愛上了打乒乓，我們會一起觀看乒乓球比賽，也會看看 YouTube 學習上旋或下旋的發球方法。而每個晚上，也會一起做「深蹲」跟「仰臥起坐」，一方面是把健身教練教的招式多加練習，二來也是盼望有天我們的肌肉結實些，更有氣有力應付每天繁忙的工作。

她聽到我這樣說，立刻回應：「但我不喜歡打高爾夫球啊？」

「就算不落場打球，也可陪陪老伴，在外面當一個稱職的觀眾啊！」我仍在游說。

「那他為何不陪我去行山？」

「也許，當他見到你願意陪他打高爾夫球，他也會心動陪你行山呢？」

說真的，這樣一人陪一次，說不定就是共同嗜好萌芽的開端呢！

10 跌倒的教訓

最近頻頻聽到身邊同齡的朋友「跌倒」的壞消息。有些是「追巴士」跌了一跤，有些是起床迷迷糊糊不小心跌倒的，像我在多年前也曾接續跌過好幾次。最慘烈的那趟，是跟老公在行人天橋聊天，不知道腳已經踩在樓梯上，而兩隻手都拿著東西，怎知一個「踩錯腳」，就從天橋滾了下去，還傷了左腳跟。而老公也在幾次外遊公幹時，頻頻跌倒受傷。

於是，兩個人外出時，只有一個方法：就是拖著手，彼此扶持，特別走在郊外那些陡峭不平的路，更要格外小心。

當然，更重要的，是避免那些危險地帶：如某些商場的滑地板，因為走在路上，會突然感覺「鞋子被吸著」了似的向前衝。一直以為這是咱們的問題，直到某天跟好友談起，才知道是所穿的鞋子出了問題。

「那是因為你們穿的鞋子不對，鞋底的膠粒才是讓人跌倒的真正原因！」這天跟好友談起，他才道出箇中緣由。那怎麼知道？

「因為我也試過好幾趟跌倒，最後跟不少人談過，才查出最後的因由。」

其實，每一次的實體「跌倒」，都是一個教訓。一是讓我們知道年紀大了，要小心走路。二是鼓勵夫妻之間可以再實習「互相扶持」的好時機。當然還有另外一個好處，就是強迫我倆做「體能訓練」。

半年前，因著醫生的「強烈建議」，說咱們到了這把年紀，肌肉流失，一定要做運動，否則跌倒後受傷的機會大增。

我是個「乖寶寶」，很聽醫生的話，立刻找來了體能教練，每星期一次的二人班，聽教練吩咐，做起深蹲，還有拉背，鍛鍊大小腿的肌肉。日子有功，現在成果不錯。起碼有幾次差點跌倒時，都能站穩腳啊！

11 夫妻齊健身

這陣子跟外子愛上了健身運動，每星期一次會接受私人教練的訓練。原因很簡單，是因為聽從家庭醫生的勸告：「你過去跌倒了幾次，可能是腿部肌肉開始流失，要做些體能鍛鍊，可改善肌肉的質量和力量！」

聽罷，半信半疑。想想自己這把年紀，這般「身手」，可以接受鍛鍊嗎？醫生點頭說：絕對可以。

好，那就試試看！

萬事起頭難。醫生幫我們找了一位深明中年人「害怕運動」障礙的細心教練，由最容易的動作做起，然後循序漸進。

所以第一課教的是「深蹲」：就是「尾骨往內收，臀部像坐椅子一樣，往下坐，手臂向前，膝蓋不超過腳尖」的動作。剛做的時候，回家雙腿痠痛，但做了幾課後，開始漸入佳境。

然後，教練才教我們進深的動作。如訓練背部肌肉的、腹部肌肉的，更重要的是在學習過程中，夫妻二人的彼此鼓勵。

「老公，你的腰挺得好直，做這個蝴蝶飛的動作，做得很好啊！」

「老婆，你的深蹲姿勢也很棒呢！」

其實，當時我們都是咬著牙關在做，但得到配偶的鼓勵，便會更加把勁。

環顧健身房的四周，不乏來鍛鍊肌肉的年輕人，個個都是手瓜起腱的能人壯士。至於另一類，就是人到中年重新鍛鍊身體的女士，每個星期我們這些「同學們」見到面會打打招呼，彼此鼓勵一番。

但我心中總是充滿好奇，為甚麼這些太太的「另一半」都是缺席的？終於忍不住，那天問了其中一位「同學仔」：「你那麼勤力做運動，為何不叫你的老公跟你一起做？」

「叫得動他嗎？自從退休之後，他就整天躲在家中，哪兒都不去，誰都不願見，叫他去健身？比登天還難！」

「但你如果操練身體之後，精力充沛，整個人也精神開心多了，相信他會被感染的。」

結果，不出兩個月，就見到她跟老公一起健身。

「見到她整個人精神多了，也開心多了，我也想學學呢！」

對！各位姊妹，與其「日哦夜哦」叫男人做運動，還不如身體力行讓他親眼看見運動的果效，他就自然會聽話的啊！

12 夫妻共同的休閒活動

他跟她結婚三年了，開始的時候，夫妻感情蠻親密的，會一起度假旅行。怎知道，日子久了，兩個人各有各忙，開始漸行漸遠。

現在，他有他的嗜好，如打機、行山，她從不感興趣。她也有她的喜好，如逛街購物、跳舞、約朋友喝下午茶聊天等。

本以為兩個人可以相安無事。怎知這天，接到她的電話：

「老公他突然說跟我個性不合，又沒共同興趣，要跟我分開……」電話那邊廂的她，哭崩了。

其實，作為好友的我，有提醒過她的：「無論怎樣，都要抽時間跟老公培養共同興趣！」

怎知她一聽就搖頭：「不可能！他喜歡的活動跟我不一樣，他玩他的，我有我的！」就是這樣，他倆的關係就愈走愈遠。她更從不過問他去哪兒跟誰見面，回到家中也是「各自進房」，鮮有溝通，更忘記了夫妻關係是需要經營維繫的。

而所謂的「休閒活動」，秘訣之一就是要「離開家庭場景」。原因很簡單，獃在家中看著客廳的鐘，會想起孩子的功課作業；看到櫥櫃會想起柴米油鹽，該到超市添置甚麼。

但如果離開了家，就是暫時離開家的種種纏累，兩口子做一件大家都喜歡，感覺開心的事。如到郊外行山，去看一場電影／話劇，一起聽一場音樂會，看一場球賽等等，而這些共同興趣是需要培養的。有些時候，一方還要將就另一方，好像不愛看文藝片的老公會陪愛看愛情片的老婆去看電影，不愛看球賽的老婆會陪老公到大球場欣賞球賽等。

對我來說，結婚這麼多年來，我都是擔任「康樂主任」一職，就是負責安排夫妻共同的休閒活動。現在的我們，除了每一個星期一起去做體能訓練（以防年紀大容易跌倒，要鍛鍊身體肌肉啊！），打一次乒乓球等，還會三個月來一次度假（如近期去了廣州、深圳、西安，未來還會去新加坡、悉尼等），可謂節目豐富，也讓每天馬不停蹄忙碌中的我們，對未來總是有所憧憬期待。

說真的，如果夫妻倆不培養共同興趣或休閒活動，兩個人的關係會變得愈來愈淡漠，甚至最後互不相干，恐怕就為時已晚啊！

13 電影，我們的親密語言

看完了電影，從電影院走出來。看見他臉上的淚痕，我知道，他被那齣戲感動了。我又何嘗不是？邊看邊流淚。

然後，我們在晚上呷著非洲國寶茶，談到電影裡的笑位、哭位，像是一對老朋友。

一直以來，我倆雖喜好迥異，但電影卻是我們共同的親密語言。

還記得剛開始當宣教士時，滿以為基督徒是不准看電影的（因為那時教會的教導確是如此），也就忍著那股「戲癮」。直到某天路過商場，看到一齣跟「約櫃」有關的電影，滿以為那是聖經的考古學紀錄片，兩口子就買了票進去看。那知道電影叫《奪寶奇兵》（*Raiders of the Lost Ark*），十分緊張刺激，看罷還有點「罪疚感」，覺得那是不合神心意的。

直至去台灣傳道，在一家基督教的雜誌社服事，才逐漸「開竅」，明白基督徒也要入世，與時並進。當時，我們差不多一兩星期就會進戲院看戲，然後回家討論。

回到香港服事，這個習慣也從沒改變。看電影，欣賞話劇，一直是我們最愛的「拍拖」活動之一。選取的電影種類繁多，總之拿過金像獎的，網上影評推介的，朋友推薦的，我們都會盡量跑去看。

就像最近，看了《年少日記》，感觸甚深。特別對從事親子教育的，不覺得誇張，反而是寫實。因為現實生活中，真的有「望子成龍」的父母，瞧不起學業成績差的兒子，拿著成績好的兒子的成績表到處炫耀的父母，也見識過女兒考試成績未如理想就虐打的媽媽。

至近年，看電影的機會也從電影院延伸到網上。那些付費網站的電影質素，絲毫不比電影院遜色。於是，我倆工作忙碌過後的晚上，會花起碼半個小時的休閒時間，泡一杯清茶，坐在客廳，對著 iPad，齊齊欣賞好戲。以前，總要一口氣把電影或劇集看完，現在，看十五分鐘已經很滿足。

更重要的，是電影勾起了我們的情懷，勾起了很多塵封的回憶。那才是看電影的主軸，也是我們可以深度分享的起始點。

愈來愈覺得，隨著年事漸長，夫妻更需要培養共同的興趣。而電影，就是一個不可或缺的選擇。對夫妻來說，可帶來源源不絕的話題。就算外出跟朋友共敘，談電影也可以侃侃而談一個多鐘，真是一樂也！

14 夫妻逛書展

一連七天的香港書展，我因為有新書出版，每天都要守候在攤位旁邊，向讀者推介新書。也因為這樣，見到不少夫妻拍拖逛書展，也見到不少眾生相：

有些是太太在翻書，老公在旁雙手「疊埋」，一於懶理。

也有些是兵分兩路：太太找她愛看的書，老公就找他愛閱讀的。

不過最窩心的，是見到一位老公走過來，買了一本萬年曆書要送給太太，還請我寫上她的名字。

至於我跟老伴，也會趁著書展期間，每天晚上去四周逛逛。會買哪類的書？就是跟自己的處境與接觸的人事物有關，因為這才能引起閱讀的興趣。

自己的處境，就是中年後，晚年前的那段日子。沒想到現在也有不少的書談到這方面的問題，從健康心靈甚至追尋夢想的角度都有。也因為步入要小心身體與飲食的年歲，也會買一些有關飲食健康的書：如怎樣可以有「不生病的體質養生法」、怎樣面對白髮掉髮的問題等，都是很值得研究的課題。

另一個處境，就是這時代面對的問題：如孤獨、情緒，怎樣可以在繁忙的生活中喘口氣，也有怎樣面對各種各樣的家庭問題，如擺脫原生家庭的陰影，怎樣幫助受虐的孩子，怎樣跟少數族裔相處，還有怎樣教養 SEN 孩子等等，都是我關注的課題。

很多朋友跟我說，「我們都不看書了！」我卻會回應說：「我們心中總有幾個問題，一個問題就可以找一本書來看！」不是嗎？

當然，另一個購書的範疇，就是買書給乖孫。如經典的童話故事，乖孫日常面對的生活問題（如手足吵架、結交新朋友等），都是我想教導孩子明白的。

有時，在書攤看見有關職場或有關男人的書，也會推介給老公。而他看到一些有趣得意的書，如「腦筋急轉彎」之類的，他也會推介給我看。有沒有想過：「為甚麼女人比男人長壽？」答案就是：因為男人是叫「先生」，所以才會先死。拿著這本書，我們兩個彼此考問，也是夫妻間的一種樂趣。

總之，逛書展好，逛公司好，夫妻還是要一起逛，有商有量，才有情趣。

15 微休息

這兩個週末，我跟外子都拿了一天假期去旅館住了一天。朋友總問：「為甚麼不放長一點，去外地度假嘛！」

我都想，奈何工作排得密密的。走一兩天可以，一兩個星期好像不大可能。

我們第一個週末，是在迪士尼的旅館度過的。沒想到闖迪士尼玩的那個下午，無風無雨也無晴，人也不多，是最適合到樂園玩的。第二天早上，還跟老伴去了游泳，游罷，才風雨大作。那個假期覺得一切都「被安排」得很妥當，離開時，內心充滿感恩。然後，還安排了一天深圳遊，邀了一位在彼邦工作多年的好友當嚮導。逛書店，配漸進變色眼鏡，晚上還吃了一頓豐富的蟹粉江浙菜晚餐。帶著開心滿足的心情回港。第二天起床，感覺精神爽利。

原來，這就是一種「休息」的安排。

我們對休息的定義太狹窄了。滿以為一天睡六至八個小時的休息，才是真正的休息。其實，休息也分三種：微休息、休息、睡眠。如果以馬拉松來比喻一天的行程，休息就是跑了某段路感覺疲倦的「歇歇」，像我放一兩天假就是。

而「微休息」就是跑步途中的「補給站」，不用太長（如三十分鐘），就算五至十五分鐘都可以。就像最近，我很愛在每天行程從一站至另一站途中閉目養神，功效就如把一些「精力存款」放進腦袋一樣，事後會感覺精神飽滿的。

另一種微休息的方式，就如每工作一小時後起身喝杯水或咖啡，找同事聊聊，或在午餐後離開辦公室，到外面走一圈，吸吸陽光新鮮空氣。總之，讓自己離開工作場所，就是讓腦袋休息歇歇啊！

雖然這樣說，但這些休息都不可以取代每晚的睡眠，七到九小時的睡眠是最理想的。但對我來說，睡到「自然醒」就夠了。

總之，在我們日常生活中，不要等疲勞累積至精疲力盡才去休息。最好每天都儲存一些「精力存款」，讓我們有精神面對每天接踵而至的大小事情。回到家中，更有餘裕與所愛的家人相處。

16 陪伴就是最好的「心藥」

人到中年，夫妻可能接連退休。滿以為可以歇歇，跟老伴周遊列國，或者在家湊孫。但發覺有另一個不得不接的任務，就是「陪伴上一代」或「陪伴患病的親朋好友」。最近，在我的專頁收到網友要求我在直播節目中談談「陪伴」這主題，可見這是一個十分熱門又需要關注的題目。

到底，甚麼是真正的陪伴？就是跟所愛的、關心的、孤單的人，站在一起。最好的陪伴是無聲無言，就是默默守在對方身旁，拉他一下，扶他一把，不需要太多的長篇大論。記得多年前陪伴好友渡過她的癌症末期，我能做的就是：陪她去醫生那兒做化療，默默守在她身旁，並陪著她化療後回家。

有空就去她家探望她，聽她細訴前塵往事，甚至有那些「未了的心願」。還記得她告訴我有三個「未了的心願」，我就將之寫下，逐一在她去世前幫她完成。

她想吃甚麼看甚麼到哪兒，就盡量陪她去。還記得那天中午，我們在中環找到一家素食西餐廳，在那兒品嚐了美味的素漢堡。又記得某個新加坡的公幹旅程，她伴我同行，並帶我去她最喜歡的餐廳、按摩店，留下難忘的友情回憶。

不過最困難的，是有天她特別約我去談安息禮拜的安排，因為知道自己離世的日子近了。還記得那個晚上，幾個最相熟的朋友聚首一塊，聽她細選每一個環節的人選細節的安排，並將之逐一寫下來。

如此這般的「陪伴」，見她漸現歡顏，因為很多心事都交代了，很多想見的人都見了。雖然肉體的痛苦難免，但心靈卻因為有信仰，有好友圍繞陪伴，而變得更主動積極。

一直知道，「陪伴同行」是一件不容易的事。付出的時間、心力也不少，但因為所愛的人，所關心的朋友，都是「值得」的。

也因為陪伴過她走過患癌的路，也發覺自己的世界寬廣了。以前總覺得「人家有病，別打擾，讓她好好休息」，那可能是我們「懼怕」或「不懂得如何陪伴」的藉口。原來，行前一步，問候多一句，對患病的人來說，那種「被記念、被關愛」的感覺，才是有效的良藥。

任何的病，都跟「心態」有關。「心病還需心藥醫」，而陪伴，就是最好的「心藥」。

17 三十年後的重遇

不知何解，人到某個年紀，就會緬懷過去，特別是懷念逝去的親人。更從沒想過，在媽媽逝世二十九週年的這天，會有機會重遇她昔日在股票市場的德國美女拍檔L。

她比媽媽小很多，天生一副美人胚子，穿著優雅，跟愛穿旗袍的媽媽，一中一西，成了當時股票市場的吸睛紅人。（不瞞你說，我媽是香港第一位股票女經紀呢！）

只是自媽媽去世，我們就失去聯絡。最近在好友的牽線之下，終於得償宿願，可以跟她見面。心想：近三十年沒見的她，會是怎個模樣？她還記得我嗎？還有那些與媽媽一起合夥做生意的往事……帶著這些疑問，我跟外子走進了那所高級會所，要關閉手機，大家專心聊天吃飯。

七時半，出現在眼前的她，風韻猶存，依然步履穩健，亮麗動人，跟三十年前沒有兩樣。

「你怎麼一點都沒變？」她笑了，還給了我一個緊緊的擁抱。

跟著她身邊的，是這些年伴她走過風雨的J。記得媽媽曾說：「L與J是天造地設的一對，該走在一起的！」

如今，他倆真的在一起幾十年了。聽L說，未來的日子，他們會跑遍歐洲，到尼斯住住，也會去印度玩耍。坦白說，他倆提到那些大商家的名字，都是超出我的「認知」，只能傻笑點頭。但L談到媽媽跟她的相處，媽媽昔日的喜怒哀愁，每件如煙往事她都能如數家珍般詳述，隱隱覺得，她的重現讓我補足了屬於媽媽回憶中的那幾個「缺口」。

回家的路上，外子跟我說：「這趟會面，讓我對你跟媽媽的過去認識更多！」是啊！人過中年的夫妻，更要爭取機會，多認識彼此的過去，了解更多，以致將來更能同理同行啊。

第三章

婚姻密碼

Chapter 3

1

愛的語言不只「我愛你」

一直以為，愛的語言只有一種，就是跟愛人說：我愛你。

後來，有機會接觸蓋瑞．巧門博士《愛之語：永久相愛的秘訣》（*The 5 Love Languages: The Secret to Love That Lasts*）的書，讀到他透過多年臨床諮商經驗，整理出來五種愛情的語言，就像發現了新大陸似的。這五種語言就是：肯定的言語，服務的行動，真心的禮物，精心的時刻與身體的接觸。

前一陣在多倫多跟老公主持婚姻講座時，始發覺原來很多夫妻都沒聽過這樣的說法。坦白說，我們這一代對愛的表達都是含蓄的。很少會跟配偶說「我愛你」，至於甚麼服務行動頂多是為對方倒一杯茶。至於身體接觸表達愛，就更少之又少。

為甚麼愛的語言這樣重要？因為每個人「愛」用的語言不同，這就造成溝通與對彼此期望的落差。舉個例子說，如果太太最愛用的語言是「真心的禮物」，所以外出常常會買些小禮物回家，一方面送給朋友，也會送給丈夫。但丈夫卻愛用「服務的行動」，會泡咖啡、掃地吸塵、做家務來表達對妻子的愛。可是在太太眼中，丈夫在任何特別的日子，都不會送禮物，更不會講「我愛你」，她感受不到先生對她的愛。但對先生來說，每天不停做家務，泡咖啡已是以行動表達「我愛你」，怎麼太太總是感受不到？

最近，還有一個新發現就是：自以為自己愛用的語言，做完愛之語測驗（網上多的是，鼓勵大家上網搜查然後試試做）之後，始發覺不是。我滿以為自己是個「禮物狂」，怎知測驗的結果是我需要的是「精心的時刻」，而外子則發覺自己需要「肯定的語言」。這個發現也讓我們更懂得怎樣回應彼此的需要，讓感情更進一步。

2

溝通最重要的密碼就是「專注」

如果問，你在嗎？你會怎樣回應？又或者貼切點問，你的人在，但你的心在嗎？

因為兩個人的溝通出現問題，通常都是彼此無心溝通，更無心裝載對方的說話。於是，誤會就產生了。如聽漏了主要的信息（簡單如「今天公司加班，不能回來晚飯」卻聽成「能夠回來晚飯」），又或者「言者無心，聽者有怒」（「你說我臉圓潤了，是否嫌我胖？」）。

怎知道我們是活在當下，人在心也在呢？試試回答以下問題：

1－我每天的生活，是否活在自動波之中，就是想也不想就去做的事情：如每天走著同樣的路上班，吃一樣的早餐，絲毫不會察覺身邊發生的人和事。

2－跟人溝通的時候，是否按捺不住溜著手機看？

3－走在街上的時候，是否聞到花香，感受到微風拂臉，陽光灑在臉上？

如果第一及二題回答「是」，最後一題是「否」的話，我們就是活在一個自動模式之中，對周圍的人事物都缺乏反應。

以前，總以為溝通就是要講得清楚，聽得用心。但對現代人來說，溝通的最重要密碼就是「專注」。因為專注，就代表我們對溝通的對象在乎，也就說明我們為何投入時間與所愛的人溝通。有人甚至這樣說：「當我們付出注意力，就是在給予我們生命，而我們在這個過程中也會更有活著的感覺。」

所以，當跟人溝通時，我會很留意對方的眼神，是飄忽的，還是看著我專注的；也會留意對方的身體動作，是坐立不安，不停搓手，不住東張西望，還是專心一意，坐定定，想跟我好好溝通的？

當然，溝通的地方也很重要。曾試過一兩次跟友人在一個吵鬧的餐廳，談談心裡話，結果兩個人都要力竭聲嘶地「喊」，哪有可能談心底話？專心，用心，細心，都是溝通的先決條件。特別是專心或注意力這一項，更是愛的基本功啊！

3 服務的行動

最近一個有關香港家庭的調查研究發現，以十分為滿分的開心家庭指數，今年的得分是 6.57 分，較去年的 6.98 分低。而最能提升家庭抗逆力「五種愛的語言」中，超過六成家庭成員之間會互相服務幫忙，僅三成會向家人明白表達愛意。

其實這個得分，也是意料之中。特別在華人社會，很少會明白地說「我愛你」，夫妻之間更是「愛在心裡口不開」。為你煮飯洗碗，或外出賺錢養家，已經是愛的表現。還用多說？

友人的老公正正是以「服務行動」來表達愛的最佳寫照。每天到辦公室樓下接老婆下班，老婆煮飯的話他一定負責洗碗，平日掃地吸塵更是等閒事了。

再細看愛以服務行動表達愛的人，內心的對話可能就是：

如果有人幫我做事，我就會感覺被愛。

如果別人不喜歡做那件事，卻因為我而做（如不愛掃地但因為另一半怕髒他會主動去掃），我更加覺得對方是深愛我。

其實，外子也是這類人。每天晚上，我們在外忙碌過後，他一定會沖兩杯南非國寶茶，在桌上放兩塊無糖餅乾，我們便邊喝茶邊吃餅，聊聊今天發生的大小事情，這都是我每天期待的賞心樂事。

但我鍾情愛的語言卻非服務，而是送贈禮物或愛的表達，但這卻非外子所長。還記得我們拍拖期間，我寫了一封長長的，滿載愛語的情書。怎知收到的卻是「資訊性」的回應，簡言之就是告訴我「謝謝來信，你委託我辦的事情，我會去辦的！再見！」仍記得收到那封信時，我的反應是「啼笑皆非」，因為一點情書的味道都沒有啊！

但經過歲月與時日的磨練，現在兩人的相處，已經進入佳境了。

4 你自己好好想想

她跟他結婚多年，本以為彼此相處了這樣久，應該摸得通對方的心意。其實不然。

就像這天，她請他幫忙在回家路上，買一瓶生抽一瓶老抽回家。怎知他卻只買了生抽，而且是一個「沒用過」的牌子。回到家裡，她正在忙著準備晚餐，一見到那瓶生抽，已經氣在心頭。

「不是提你買兩瓶生抽老抽回家嗎？怎麼只買了一瓶？還有，這個牌子我們家從沒用過，你有聽我跟你說的話嗎……」

他一臉無奈。本以為忙碌了一天回家，還記得跑去超市買老婆要買的醬油，對方會感謝。怎知，卻換來一陣怨言。

收到她的電話，她跟我訴說這件跟老公吵架的瑣事。雖然最後和氣收場，但老公也忍不住問她：「那我以後該怎做才能滿足你的心意？」

她的回答就是：「你自己好好想想！」

其實，這並非只有她這樣要求。身邊不少姊妹因為覺得老公不夠細心體貼，就把這道難題拋了出來。但這卻是一條「沒有標準答案」的「腦力激盪」遊戲。

要知道，男人跟女人的腦袋構造不同。對咱們來說，「一心多用」是常態。但男人卻是「一心一用」，做起事情來要有板有眼，把程序描述得愈仔細，他愈能「按章辦事」。但偏偏很多妻子卻以為大家相處久了，丈夫一定知道自己的要求，並且做到。

更難搞的是，許多時候女人氣在心頭，需要的是情緒的安撫，而不是立即的行動。就拿上述例子來說，如果老公一氣之下說「好！我現在就出去買一瓶老抽回來！」太太的氣會下了嗎？還是覺得老公這樣跑了出去，根本沒有照顧她的感受？

如果能在當時，說些照顧太太感受的話，如「你忙著煮菜，我來幫你洗碗」，又或者去「泡一杯她愛喝的綠茶」給她；聽到這樣的話，看見老公這樣貼心的行動，她的壓力得以舒緩，有話就可以慢慢說了！

5 婚姻關係的「超越自我」

吃過飯後，他正在書房忙著趕一份報告，因為明天就是死線了。她卻剛哄好兩個孩子睡覺，很想老公跟她去便利店買她最愛的軟雪糕吃。

「老公，可否出去便利店一趟，買兩個軟雪糕，大家一起吃？因為今天忙碌過後，好想吃軟雪糕啊！」她笑意盈盈地問。

「你看不見我正在趕 project 嗎？老闆說明天一定要交啊！哪有時間陪你去買雪糕？」

說的時候，他的臉容是繃緊冰冷的。

「不去就不去，不用那麼兇嘛！」

「我只是坦白回應而已，這樣就說我『兇』，你真是蠻不講理……」

一場夫妻的爭拗，就因為兩杯軟雪糕而起。他們吵架的原因，是因為彼此看重與需要的不一樣。他重視的是個人的責任感與工作上的滿足，而她卻需要丈夫的陪伴與愛錫。

不少婚姻專家針對上述情況，都會談到夫妻之間要懂得怎樣好好溝通面對衝突，或大家是否一對合拍的夥伴好朋友。但還有否一些更重要的因素是我們忽略的？

荷蘭烏特勒支大學（Utrecht University）最近做了一個研究，提及當婚姻關係漸趨緊張，而能繼續維繫婚姻的關鍵在於彼此能否持守「自我超越」這價值（Self-transcendence），就是「願意關注配偶的需要，而非自己的需要」，就是一種類似「捨己的愛」。

我也深深覺得這該是恩愛婚姻的一個共同追求的目標。如果老公願意超越自我，就是能體會太太只是一個小小的要求，想想「雖然自己很忙碌，但出去十五分鐘到附近便利店買雪糕也是一種鬆弛，讓自己歇歇也好！」又或者太太可以想：「老公正專心趕 project，可以稍等一下，待他趕完了才出去也不遲，反正便利店也是二十四小時開放的啊！」

當我們願意以彼此的需要為出發點，在「氣上心頭」之後，可以停停想想再溝通，效果會很不一樣。

其實這個所謂「自我超越」的價值，跟婚約誓詞所說的：「無論貧窮富有，健康疾病，都願意照顧一生一世，直至終老。」只是一個日常生活的實踐版。把這句誓詞應用起來，就是無論「一杯雪糕或一份project，我都願意照顧你！」真的是這樣的話，那為何讓區區「一杯雪糕」或「一份project」就阻撓了我們對彼此的愛與照顧呢！

6 體貼的愛

記得很久以前，見到這樣一幕：

那是一場飯局。女的想吃魚，但怕多骨，她那體貼的老公二話不說，把魚骨一根一根的夾出來，讓老婆有魚肉可吃。看得我們身邊幾個女的目瞪口呆，所以談到「體貼」，就會想起這一幕。

不過撫心自問，我會否想老公如此待我呢？哈哈，千萬不可。我還是喜歡自己夾魚肉，自己開車，不想假手別人。

但話說回來，老公還是挺體貼的。因為他是家中的服務大使，舉凡泡茶泡咖啡，至洗澡的放水安排，他都親力親為的。就像這幾天我患上感冒咳嗽，他就會張羅盆子讓我泡腳，又會幫我貼穴道貼止咳等等。

對我來說，體貼是愛的一種行動表達。不能言說，因為「說出來便是期望、要求或吩咐」，而體貼卻是話沒說出口，已經知道對方的需要，並懂得為對方安排預備，這才難得。

感恩的是上主讓我這個向來粗心大意的人，嫁了一個十分體貼的丈夫。我卻是那種大情大聖，粗枝大葉的。所以不少人覺得，我跟他就是絕配。

對啊！一個粗心，一個細心。一個善忘，一個存記在心。真的是美好的配合。

更沒想到，這種體貼的因子也會遺傳給乖孫。事情是這樣的：

像過去幾天，外子突然咳血。還記得那天他在洗手間突然說了一句：「怎麼咳出來的都是鮮血？」我跑去一看，嚇了一跳。果真的是「一小灘鮮血」在洗手盆上。

「再咳咳看？」最初的猜測是刷牙弄到牙肉出血，所以叫他再吐吐看。

怎麼又是鮮血？隔了一陣，再吐：又見鮮血？

不得了！不能拖下去，一定要找醫生問過驗過清楚明白。

還記得那天取消了所有約會，帶著外子去看醫生做檢查。感恩的是找到醫生願意看他，耳鼻喉肺通通做了檢查，一個都不能少。

結果下來，沒有大礙。可能是天氣乾燥又少喝水，喉嚨的吊鐘「損傷」了。聽到之後，終於鬆一口氣。

當然，也會把結果跟女兒分享。「感恩啊！公公終於沒事了！」跟著就問乖孫：「這個週末，我們去吃你最喜歡的韓燒好嗎？」

平日一提到韓燒，他就會眼睛發亮。但今天的他，居然搖頭，說：「公公你剛咳血，還要多休息一下才會好。我們等遲一下再吃韓燒吧！」

沒想到五歲的乖孫，已懂得如此體貼，我們兩老聽在耳裡，甜在心中啊！

7 「相濡以沫」的幸福

這幾個星期很忙碌，跑了很多場講座，常在臉書用「馬不停蹄」形容自己的近況。怎知道幾天前的早上，感覺喉嚨癢癢的，開始咳嗽，滿以為只是流感來襲。做檢測一看，怎麼？竟然是新冠！

跟著，忙於通知各方：講座取消，約會取消，甚麼都取消了。這是我第二次中新冠，相比於第一次，症狀輕微多了。關心我的朋友頻頻 WhatsApp，叮囑我吃特效藥，但去年新冠時試吃，結果嘔吐大作，反應很大，不敢再試。還好有一位相熟的中醫師，立刻致電給她，用視頻看病，然後請外子去拿藥。

這幾天，昏睡，吃藥，出了幾次大汗。今天早上，症狀都沒了，才不過是第四天而已。真是感恩！

不過這幾天，卻為素來忙碌的咱們騰出了一段好好的 we time。雖然戴著口罩，滿屋子開著除菌的空氣清新機，隔著桌子吃飯，但卻讓咱們兩口子有很多聊天的機會。

談甚麼？可以談談明年到澳洲公幹的計劃，下個月菲傭姊姊放假家務的安排，還有哪些朋友可以來邀約的……

除此之外，還可以一同看 Netflix，追看講黛安娜的 *Crown*，看國劇《熟年》等等。只是在相處過程中，我會常提醒老公：「不要靠近，記得洗手，要戴口罩，還有，要用那種噴鼻的隱形口罩……」沒想到，在患病期間，這些提醒就是另一種「愛的語言」。

常聽說：「夫妻在患難中的扶持，就是相濡以沫。」上網找資料，發覺真是如此：「相濡以沫形容的是泉水乾涸，兩隻魚兒以口沫互相濕潤而活，這是出自《莊子．大宗師》：『泉涸，魚相與處於陸，相呴以溼，相濡以沫。』」

最近身邊也碰見過不少中年夫妻，因為一個患病，另一個願意放下工作，專心照顧病重的另一半。那份顧念夫妻的情誼，讓我深深感動。有一位前輩更因為太太患癌，自己窮盡所能（人脈物力財力），鑽研各種可以治療的方法來醫治愛妻。結果，愛感動天，太太真的痊癒了。

這趟新冠對我只是小病，但也深深感受到「相濡以沫」的幸福啊！

8

又中新冠，最怕的是……

我是去年七月一日第一次中新冠的。那年，是外子先中招，我接招。我們都很緊張，他吃特效西藥，立刻有效，藥到病除。我吃西藥，上吐下瀉，連「黃疸水」都吐出來。吃了兩劑，停了。趕忙看中醫去，也要七天多才變一線。

最後，還染上腦霧。但感恩主醫治，一個宣告的祈禱：「主啊，我奉祢的名求祢將我的腦霧挪開。奉主耶穌得勝的名字祈求，阿們！」主也真聽禱告，自從那天直到如今，已經跟「腦霧」拜拜！

第二趟中新冠，是去年十一月底。沒有大症狀，只是感覺喉嚨有點痛，有點鼻水，早上不以為然地不如做檢測，結果「中招」。那趟，也好像幾天就好了吧！但這趟中新冠，是因為自己大意，少戴了口罩，又沒噴那隱形的噴鼻口罩，所以出事。

這趟，哈哈！又是同一「狀況」。因為聽了友人一句「現在新冠很普遍，症狀也很輕微，天氣又開始熱，大家都很少戴口罩了。就算中招，也就是多了抗體。」聽著聽著，便開始鬆懈。但看見身邊的外子，仍是小心翼翼，外出又噴鼻又戴口罩，我則不噴不戴。

結果，第三次中招。

這趟嘛，又是不覺自己中招的。早上起來，只覺喉嚨癢癢，也沒有其他徵狀，但不知怎的，又做檢測「玩玩」。一看，是「C」，我倆看得目瞪口呆。心想：「怎麼可能！」

但還是要相信，仍是要通告各界：取消要主持的講座，或改為網上。未來幾天的飯局取消，還有忍痛取消了星期天的雙劍合璧直播。

在家，因為呼吸有點急促，我怕呼吸不順所以沒戴口罩，只是開了那部久未啟動的殺菌機。外子見狀，他寧願自己戴口罩。

但過了一天，徵狀出現了：開始沾寒沾冷。外子為我不斷倒水泡茶，進進出出為張羅中藥西藥，還要到藥房買溫度計等等，把本來已忙得不可開交的他，猶如百上加斤，我更於心不忍。

頻說：「不用了！不用了！」他才不管我的，照做如儀。甚至推了聚會，刻意回家陪我這個第三次染症的老婆。

我最怕的，就是他也會第二次染上新冠。所以我也拚命叫他吃維他命C，甚至他打一個噴嚏，我也緊張起來。

「怎麼，你是否也染上新冠了？」

「我才不會！你這兩趟染病我都沒事，證明身體好得很！」

結果也是。深信這也是上主的保守保護，這第三次的新冠，三天就好了，外子也沒染疫，而我更深深體會夫妻之間染疫之愛，真是心存感恩。但從此以後，也要學學老公這般謹慎，不能再染疫了，畢竟年紀大了，新冠可是不好惹的啊！

9
愛，就是遷就

這天，跟一對恩愛夫妻喝下午茶。她看著琳瑯滿目的餐牌，不知道怎樣做決定。他卻在一旁默默看著她，情深款款似的。

「好吧！就吃這個，公司三文治！」聽到她這樣說，他點頭稱是。

「那兩位到底要麥包，還是白包！」落單的侍應在問。

「白包吧！」她說，但看到他的眼睛有點猶疑。

「那改麥包吧！因為他愛吃麥包！」

「不，不，她愛吃白包就白包……」

最後，她還是遷就他，選了麥包。

看到夫妻倆這樣「你遷就我，我遷就你」的「討論」，實在可愛。畢竟，他們都是走過生老病死，相處幾十年，才磨練到今日「你推我讓」的境界。

記得多年前聽過一對結婚二十五年的夫妻談恩愛秘訣，那位太太就說了一句讓我難忘的話：「吃虧就是便宜。」說的是當我們放棄自己的喜好，願意為配偶多走幾步，配偶也會被我們這種願意為對方犧牲的愛感動，以愛還愛，最終得益的也是彼此的婚姻。

眼前的她，為配偶放棄喜歡吃的白包。也見過一位體貼的丈夫，知道太太不懂也不愛剝蝦殼，所以總是幫她剝的。也聽過愛妻的他雖然工作繁忙，回到家已累得要命，還是會幫討厭掃地吸塵的太太做家務。當然我聽過更讓人動容的，是為配偶放棄自己喜歡的工作，陪他移居外地重新開始。

說來，我也做過類似的事。外子不愛「有翅膀」的家禽（包括雞鴨鵝鴿），我卻是個「無雞不歡」的人，但因為外子不吃，所以家中便不吃雞了。後來才聽說，吃得雞多是對身體無益的，因為雞肉含了不少激素。這樣說來，我更是因「無雞吃」而得福。

愛，就是這樣的一種彼此遷就，最後，就成了夫妻間的默契了。

10 體諒，易說難精

這天，他的工作壓力很大，想出去跟朋友吃個晚飯。打電話回家告訴太太，怎知反應卻是：「整天只顧著自己，明明說好要回家晚飯，怎可以這樣『不顧家』？」

但那邊廂，他卻答應了好友一定要赴約。如果打退堂鼓，會很沒面子啊！

「老婆，我出去跟老友吃飯，不過盡快回家就是！」那邊廂的太太，當然很不爽。

那天晚上，他已趕緊在十點前回家，還是被老婆大罵一頓。接到她的投訴電話，我這個中間人只有說盡好話。

「你試試體諒老公的需要，放他一馬吧！」

「體諒他的需要，哪有誰會體諒我的需要啊！」沒想到一提「體諒」，她的反應會這樣大。

我的擔憂是，如果夫妻之間缺乏了「體諒」，彼此就會愈來愈疏離，也不願意遷就或滿足對方，彼此就會漸行漸遠。

體諒，就是「推己及人」，先了解自己的感受，再嘗試明白配偶的感受。會想到「他這陣子常常加班，一定很累，實在需要一個跟老友喝酒喘息的空間。」也想到自己做了一整天家務，也需要一個約閨蜜出來喝咖啡的時間。

體諒，就是不要把自己的想法，強加於配偶。難道跟朋友出去吃飯就是「不顧家」嗎？這樣說只會讓配偶覺得你不了解他的真實感受。

體諒，就是給對方有自己的私人空間與社交。你有你的朋友，他有他的「波友」，就讓彼此都有自己的朋友圈子，不要硬邦邦把對方綁在自己的朋友圈內。

體諒，就是接納「自己未必全對」，願意尊重對方提出不同的想法、判斷與觀點。學習彼此妥協，找出雙方的共通點，建立共識。

體諒這功課，易說難精。但卻是維繫夫妻感情的基石啊！

11 生日禮物的笑話

生日禮物曾經是我倆相處的一大難題。原因很簡單，因為我愛的語言是送禮物，外子的卻是愛的服務。所以對他來說，每天幫我泡咖啡，有時接送上下班，就是愛。送禮物嘛，從來不是他愛喝的那杯茶。

所以結婚四十多年以來，我們在禮物這節骨眼上，鬧了不少笑話。

比方說，某年生日，他去了新加坡公幹。回家一見面，就說不好意思「沒時間」買生日禮物給我，但在飛機上看到一份特別的禮物就買了。聽到的那刻，喜出望外，老公居然還記得買生日禮物呢！怎知，打開一看，原來是那家航空公司的空姐制服，感覺啼笑皆非。老公見到我這副表情，覺得老婆的心思很難測。

後來，他學「精」了，逛街的時候緊隨著我，看我愛逗留在那兒看得最久，對甚麼物品有興趣。日子有功，也逐漸揣摩到我的喜好。近年收到的禮物，如十字架項鏈等等，都是我十分喜歡的。

但更奇妙的是，人過中年，對禮物的慾望少了，甚至有點不在乎了。今年生日（其實咱們兩個都是十月生日），我們都沒預備禮物。

「太忙了，沒空買禮物給你！」

「哈哈，我也是！」笑笑就了事，沒有記掛在心。

也許，是大家已經是老朋友了，人生很多想要的東西都有了，無欲無求，無所謂了。

也許，大家對禮物這玩意兒，已經有一種默契。送，或不送，都不是問題了。是嗎？

某天，就在我的生日過後，他的生日還沒來臨之間，突然想到：「不如你買一隻可以跟手提電話配對的手錶給我，我也送一隻給你，彼此交換禮物吧！」

「好啊！」

就是這樣，我們各自收到一個自選的「手錶」作生日禮物，更省了要猜測方心思的麻煩了。

12 精心時刻要營造

這天早上，外子突然跟我說：「今天午餐約會因有人染疫取消，可以跟你一起午餐嗎？」

當然可以，更有點喜出望外。立刻訂了一所幽靜的餐廳，來一個「意料之外」的精心時刻。到了餐廳，看了餐牌，問他要吃甚麼？

「龍蝦沙拉、蘑菇湯、三文魚！」居然跟我想叫的一模一樣。好樂！

我就是這樣一個容易滿足的人，也愛爭取時間跟所愛的人共聚。

說真的，我跟外子都很忙碌，但每個星期總會抽時間做一些大家愛做的事情。如星期二會去跟教練做體能訓練，星期四會一起學打乒乓球，閒時有空就會相約對方吃飯、喝下午茶。

剛生孩子的時候，大家各有各忙，回家就是湊女，很少彼此相處的時間。後來孩子長大，我們開始重視這些精心時刻，也就是把專注力放在對方身上，一起做大家享受的活動：看博物館、喝咖啡、行山頂，或去冒險樂園「擲彩虹」等，都是我倆的至愛。當然，還有幾個月一兩次精心策劃的活動：如去迪士尼騎旋轉木馬，或選一所較遠的旅館來個兩日一夜的 staycation，甚至來一個一年一至兩次的外地旅遊假期，如今年我便計劃了九月到台北旅遊呢。

坦白說，這些活動都是需要事先策劃，上網訂購的。根據調查研究的結果顯示，「精心時刻」也是夫妻間最常用的愛的語言。既然這是個彼此都十分重視的時刻，就要乖乖放下手機，專心跟對方聊天，談心事，說夢想，不要被手機或社交媒體吸引咱們的視線啊！

還有，就是既然訂了日子，更不能隨便讓位給工作或別人的邀約，要知道這是跟所愛的一個重要的約會，不可隨便爽約就是。

第四章

轉危為機？

Chapter 4

1 都是回娘家惹的禍？

夫妻之間總會有衝突，而衝突的議題，不少婚姻專家都說，離不開以下這些主題：金錢、姻親、娛樂、溝通、朋友、工作、親子教養、性、信仰等等。

像他跟她，就常常因為姻親的問題，衝突頻頻。她是獨生女，結婚以後，每星期都要回娘家。他很愛打球，每逢週末都會約朋友到外面打球玩樂，對跟太太返娘家的特別約會，總是遲到早退。

像這個週末，他就以要跟從外地回來的老朋友見面做擋箭牌，不去外家了。

她聽罷，悻悻然說了一句：「你就是家人都不及朋友親！」

「你怎能這樣說？我只是這個星期不去一趟，就被你罵了！」

「我只是隨便說一句，哪有罵你……」

小兩口就為這雞毛蒜皮的小事，大動肝火。但最大的問題是，吵架過後，他們很少舊事重提，也不覺得兩個人要好好談談，建立共識，只是讓問題擱著。

「是啊，這個議題幾乎幾個星期就出現一次，我每到週末就有種恐懼……」

我的建議是：「找個大家都心平氣和的時機，好好坐下談談！其實是可以解決的。」

不過最重要的，談論不是誰對誰錯，而是彼此有機會說出感受，更重要的是一方聽到另一方內心的渴求，找出共識，彼此將就。

「你想老公每次都陪你回娘家嗎？他是否可以偶一不去？你為何這樣想他陪你？……有否想過有一次跟老公去認識他的朋友，多了解他的圈子……」我給了她連串的問題建議，希望她能把那些「偏見」放下（如老公不喜歡外家，不想回去等等），多集中講自己的渴望，也聽聽老公的心聲。

「我就是想他多陪陪我，也跟我媽建立良好的溝通關係啊！」

原來如此，就告訴他試試看吧！

2 溝通地雷

這是一對中年夫妻的故事。話說本來是公司高層的他，突然被解僱了，賦閒在家，無所事事。她不單有一份穩定的工作，且被老闆賞識，事業如日中天。

「你為甚麼不試試找工作？教兩個兒子做功課啊！」她見到老公這樣不知進取，忍不住嘮叨了幾句。

這天，回來看見他翹著二郎腿看 YouTube，兩個兒子在打機不做功課。剛下班的她不禁怒火中燒，「叫你做點事情，幫兒子做做功課，你都沒做，真是『無用』……」怎知此話一出，就像觸動了他的神經似的，勃然大怒起來。拿起外套，衝出家門，還加了一句：「你這樣看我不順眼，我就走吧！」……故事的結局，是他跟一位仰慕他的女孩發生婚外情，離開了這位瞧不起他的結髮妻。

不過歸根究底，是她在溝通過程中，踩中了彼此的溝通地雷。就是那些讓配偶聽起來感覺難受的話。對男人來說，「無用」是個大忌。這些地雷就如：

- 比較：「你看看小美的老公多體貼，會『剝蝦殼』給她吃蝦肉呢！」
- 對方還沒講完話就說：「我知道了」、「我聽到了」、「你說甚麼我全都明白」
- 話裡帶刺：「謝謝你今天幫忙洗碗，『若果』你能每天都洗碗就好了！」
- 急著道歉：雙方爭執時，還沒溝通清楚就急著道歉：「都是我的錯」，但其實誠意欠奉。
- 翻舊帳：如跟對方說：「你又來這套了！」、「我就是猜到你會這樣應！」

・質問：「你在哪裡？知道幾點了，還不回家？」

・隨便你：「你說怎樣就怎樣吧！」別以為這是順著對方的意思，其實心底話是「我不管你了，你愛怎樣就怎樣吧！」形同放棄。

・動輒就提離婚：「既然覺得這樣難溝通，乾脆離婚吧！」這樣說說提提，小心弄假成真啊！

每一對夫妻對「溝通地雷」的看法都不一樣，以上只是觀察到的一些常態而已。更重要的是知道配偶對哪類表達最反感，就嘗試避開這些地雷吧！

3 怎樣吵個好架

這天，見到他跟她拖著手來見我，很感意外。因為他倆是我初出道婚前輔導的對象。當年的他們，幾乎每趟接受輔導都在吵架，還擔心他們是否真能永結同心。沒想到如今已經三十多年，兩人都已退休，且比前更恩愛合拍，實在羨煞旁人。

所以說，吵架的夫妻未必一定有問題。如果他們懂得吵架，又懂得自省的話，愈吵就愈能激盪出愛的共識。

「是啊！我們逐漸學懂在理性的驅使與彼此關愛的前提下，好好吵架，現在功力愈來愈深厚呢！」是啊！從她看他的眼神中，看見深深的愛與尊重。

其實，「吵個好架」是夫妻間一個需要一生學習的課題。

- 那就是當夫妻發覺有點劍拔弩張的時候，最好能先冷靜下來，找個心平氣和的時機來討論。千萬別選開車的時間，太危險了！
- 討論的開始，開場白要用「我」而不是「你」，最好加點溫柔。
- 要照事論事，不翻舊帳，不說指責的說話。
- 態度要誠懇，一方說時，另一方專注聆聽。
- 萬一某方情緒失控，一定要「暫停」，免大家口出惡言。
- 更重要的是不能動輒就說「離婚」，雖說是情緒發洩，但這些話說了出口便很難收回啊！

・別把伴侶當孩子，尤其是媽媽們，太習慣用教孩子的口吻來教訓老公。

・生活中總有情緒低落不開心的日子，最好先沉澱一下心情，否則很容易因配偶或孩子做了些不合心意的事，就「扯火」了。

有人將吵架形容為一場「較激烈的討論」，而討論的目的是為了真正能解決彼此面對的難題，而不是為了打敗或傷害對方。

請記住，因為愛，兩個人才會選擇跟對方廝守終生。這是婚姻的承諾，更是吵架時的底牌啊！

4

新婚燕爾是適應

她跟他結婚不到兩個月，就聽到她受不了跑回娘家暫住的壞消息。

「他們兩個不知道怎搞的，新婚沒多久，動輒就吵架。原來他老公是被寵壞的王子，兩個生活在一起，很難磨合呢！」友人跟我不住嗟嘆。

還記得他們那個充滿浪漫溫情的婚禮，新娘醉人的笑靨，新郎的柔情似水，仍歷歷在目。怎曉得，脫下婚紗的生活細節，還有現實中的工作壓力，加班減薪等問題，早把他們壓垮。每天，兩個人待著疲累的身體回到家中，甚麼都不想幹，天天外面吃飯（或吃「外賣」），最後發現所謂「快快樂樂的生活下去」，只是空談……

「還有，女婿原來很喜歡跟朋友去bar，有時下班就跑了去，完全置新婚太太不顧。女兒怎樣埋怨都沒有用……」

看來，友人當然是站在「女兒」那邊怪責女婿。我這個外人做好做歹也要說：「他們新婚是有很多適應的，而且婚姻也需要兩個人『退一步』的忍讓來經營啊！」

別以為婚姻生活就是唸罷婚姻的誓盟就了事，更重要的是往後的實踐。兩個人的婚姻其實是兩個家庭的融合，當中還有原生家庭的「包袱」。當然，更重要是兩個人是否視之為比工作拚鬥、力爭上游「更重要的事」，努力在百忙中維繫夫妻的情誼與關係。

還有就是「家人」如雙方父母在他們衝突時擔任的角色？是站在自己孩子那邊數落對方的不是，還是盡力勸孩子融入另一半的家庭（特別是與婆婆的關係）。如果可以，最好是二人婚前有「婚前輔導」，好等彼此知道如何在婚後跟配偶磨合。

「嘗試勸勸孩子遷就一下老公吧！畢竟仍是新婚啊！」這是那天道別時給友人的忠告，怎樣也是勸合不勸離啊！

5 男人的鈍感力

這天，她特地去剪了那把留了好久的長髮，換了一個清爽的短髮造型，滿以為老公回家一眼看出。怎知，他完全看不出來。

「我還以為給他一個驚喜，原來是他給我『驚喜』，就是完全沒發覺我剪短了頭髮。」

她的例子我聽過不少。因為女性素來就有這種察言觀色的特殊能力，對別人的衣著髮型，情緒感覺都很敏鋭，很懂得看人家的眉頭眼額。偏偏她身邊的男人，就像少了這條根似的。有人說，這叫男性的鈍感力，就是一種「不受眼前對象表情變化影響」的能力。

所以，當雙職婦女下班回家，累得一頭煙在準備晚餐，怎知下班回家的老公卻是翹起二郎腿在看手機，不會意識到要去廚房幫忙。直至太太開口：「能不能幫忙擺擺餐桌！」他才施施然從沙發起來，把晚餐的碗筷擺放好。

「我好想他體貼些，見到我在忙就會主動幫忙。怎知他要我『畫公仔畫出腸』才肯動手！」這是女人的邏輯，最好不用提點，對方也會主動積極。

但這偏偏不是男人的思維。

「她跟我說做甚麼，我會照做。她沒說的，我哪敢做？怕她說我做得不夠水準啊！」

這是男人不敢主動的「苦衷」。當中也有道理，因為聽過一些太太抱怨老公做家務其實是「搞破壞」，寧願他們不插手。

跟閨蜜聊天，她們都對男人的鈍感無可奈何。不過大家交換情報下來，發現天下男人都是這樣鈍感的。與其想改變或改造他們，不如學習直接把自己的渴望坦白道來，告訴他要做這個那個。至於每天要面對黑臉想要他主動積極的男性，其實多些欣賞感激太太為這個家的付出，她的牢騷埋怨自會少一點的。畢竟，女人最想要的，就是被理解與欣賞啊！

6 太太生氣時

這天，跟他夫妻倆一起午餐。突然，她接到電話，聽她的語氣，已知不妙：

「不是已經告訴你們，我不會參加籌款晚宴嗎？為何把我跟老公的名字放進去，你們沒有跟進嗎？」

原來，她早已回應邀約，說不能參與。但對方卻說「收不到」，還來電跟她說要「付款」，難怪她這樣生氣。

怎知，在一旁的他，不住說：「不要生氣嘛！生氣會傷身體，會讓你血壓升高的，那只是小事情，不值得你這樣『勞氣』啊！」

她聽罷，氣不但沒消，還有點「火上加油」。

「我可以不生氣嗎？他們這樣無理取『錢』，分明『屈』我……」

「這不叫『屈』，是對方不明白你的意思。你有沒有說清楚，或用電郵告知對方你不能去……」

大家可能猜想到，接著下去就是一場「小架」變的「大架」。

他犯了的大忌是：女人生氣時，叫她「不要生氣」，甚至要跟她說道理，談解決方法，是完全沒用的。

生氣，可以「不要生氣就不生氣」嗎？不會。至於解決方法，歸根究底追問到底是誰的錯失？有用嗎？活在當下，女人最需要的，是一個明白她、接受她、願意聆聽她的配偶。

所以，回應的話可以是：

「對方真的不該這樣『硬來』，該跟你商量一下！」

「看得出你很生氣，我去泡杯茶給你喝喝！」

根據維琴尼亞．薩提爾（Virginia Satir, 1916-1988）的冰山理論，一個人的表達，有內在的經驗與外在歷程之別。也就是說，我們外表聽到看到的，未必是對方真正所想及表達的，就是「表裡不一」。

她把人在與人對話時，分成幾部分：

感受：身體的感覺（如生氣時心跳加速）及內在的情緒（喜怒哀樂等）。

感受的感受：內在的感受牽動了另一種感覺，像上述例子，為何她對籌款要付款那樣大反應？原來是她剛被老闆解僱，心情沮喪，也擔心一家的經濟。

觀點：就是對事情的看法，判斷。對她來說，就是「回了就是回了，怎能說『收不到電郵確認不來』？」

期待：就是對別人、別人對自己與自己對自己的期待。她當然期待對方明白她，接納她的「拒絕」。

渴望：每個人都希望被別人關注、接納，還有那最基本的「愛與被愛」的需要。如果他能碰觸太太內心這個需要，她會平靜下來的。

自我：這是更深層的，就是一個人的自我實現，找到心中的那把火，也就是夢想。有了目標，就可以堅持，並且甘之如飴。

我打算遲些約他見面，讓老公跟他好好討論一下，當女人生氣時，可以怎樣將她內心的冰山劈開！

7 夫妻之間說不出口的問題：口氣

口氣，常是夫妻之間說不出口的話題。

先說嘴巴上的口氣吧！記得她在新婚時告訴我，很不喜歡丈夫的口氣。因為丈夫愛吃大蒜，偏偏這是她最討厭的。

新婚初期，她每趟聞到老公嘴巴的蒜味，都會大興問罪之師。結果兩口子因為「吃蒜」問題，吵過不少架。

「難道他不能遷就我一下。這是愛太太的表現嗎？」她對丈夫堅持吃蒜，會聯想到丈夫是否真的愛她。

「她真的很愛控制！我吃甚麼做甚麼都好像沒有自由！」這是老公的看法。

大家各持己見。我的建議是：不如在老公口袋放薄荷口香糖，每趟他吃過蒜頭，就吃一塊。

沒料到事隔多年，再見他們夫妻倆，發現她也愛上吃大蒜了。原來，夫妻間能相濡以沫，就是對抗口氣的良方。

至於說話的口氣，那是更深的學問。有時同一句話，口氣變了，感覺就不一樣了。如一句簡單的話：「你回來了！」

把聲調揚高，「你回來了！」就是帶著興奮與期待。

聲調低沉的，「你回來了！」就是隱隱帶著不滿，或滿懷心事。

妻子懷孕的時候，甚至是全職帶孩子的過程中，丈夫說話的口氣很重要。一句簡單的：「你很忙！」也可以有幾個說法。

「你很忙嗎？」的疑問句，其實是覺得對方不忙。

「你很忙吧！」帶著體諒的語氣與眼神，太太一定會受落。

至於對丈夫，最重要的是尊重的語氣與眼神。

「你為甚麼回到家就一言不發？」這種質問的口氣，會讓老公十分難受。

「你的樣子看上去很累，公司有甚麼特別事情發生嗎？」換一種說話跟語調，老公就會感受到關心與愛意。

帶著溫柔說的話，說出來的口氣是暖暖的。

8 口罩之吵

這天，見到他跟她，一個有戴口罩，一個卻沒有。誰戴？當然是女的，也就是他的太太。至於他為何不戴？

「戴了很不舒服，讓我透不過氣。現在疫情放寬，當然可以不戴！」他嘗試解釋。

「哼！你就是這樣自私，只顧自己，為甚麼不想想回家要接觸兩個唸小學的兒子，他們也需要你當老爸的『保護』啊！」

「學校根本就是感冒橫行，常常有同學傷風咳嗽，防不勝防。算了吧！」他跟著辯駁。

沒想到見到久違的他跟她，竟然是因「口罩」問題，吵了一場。

「他就是這樣只顧自己的人，把教養兩個兒子的責任全交給我。回家就是開著電視機，躺在沙發睡懶覺。」其實，「口罩」只是一個導火線，夫妻之間的衝突，還牽涉到其他議題。

「你也是，一天到晚只會埋怨，不是說兒子不聽話，就是抱怨奶奶對你諸多要求。我就是怕你囉唆，才會去打機啊！」他嘗試解釋。

最後，我這個「中間人」，只能叫他們暫停指責，大家放鬆心情，聊聊吃喝玩樂。待他們心情平伏一點，到我說話了：「其實，戴不戴口罩只是你們對彼此不滿的一條導火線，底下還蘊藏著很多不同看法的課題：如不同的價值觀、對金錢的看法，還有旅行的節目安排等等，都是要好好談談的。是嗎？」

他倆聽罷都點頭。

「問題的關鍵是，你們是否願意改變，嘗試以同理心去聆聽，明白對方的感受，投入對方的世界啊！」

「我試試吧！」她說。他也跟著點了頭。

「但我是你們的朋友，不是最合適的人選，但會幫你們介紹的，好嗎？」

他們答應了。作為好友的我，當然渴望在專業的輔導下，他們會擺脫這個爭吵的循環！

9 中年男人會變得情緒化？

這天，收到她的留言：

「我跟先生結婚十五年。最近，他剛被老闆調至另一個部門，投閒置散，一肚子悶氣。回到家中常常悶悶不樂，人也變得愈來愈情緒化。跟他溝通如果不順著他意思，他就會大吼大叫說我不明白他，跟他無法溝通。但我嘗試哄他，他又覺得我煩。那我該怎辦？」

相信，她的狀況也跟不少中年夫妻相似。人到中年，不少男人的事業正走向下坡。但因著子女卻逐漸獨立成長，甚至離家到外地唸書，正好是女人（特別是家庭主婦）擺脫「賢妻良母」的重擔，「重獲自由」的好時光。

偏偏這個時候，身邊的男人卻變得很感性與情緒化。身邊的友人就說過，她的另一半現在看悲情電影都會流眼淚，這是她以前從沒見過的。慶幸的是，這位留言的網友意識到問題所在，向外求助。

如果面對這種情況，太太厭煩老公的情緒化，選擇對他置諸不理，甚至嘲笑他的「脆弱」，他會覺得很難堪，回家變得「沉默無語」。此時，他若在辦公室碰上一位關心與了解他的女同事的話，就會很容易發展出婚外情緣，不可不防。

其實，這位太太不是無助的。她可以做的是，多問候關心老公的情況，樂意主動聆聽。但千萬別在他情緒波動，大吵大鬧的情況下跟他說大道理，他是聽不進去的。所以在彼此情緒都很激動的當下，就要學習「喊停」，等情緒過去，再以溫和堅定的語調讓先生知道：「我很關心你。但你大聲講話，我感覺委屈害怕！其實，我也想好好跟你談的，不如趁這個週末大家都沒那麼累，去山頂逛逛談談好嗎？」

只要心中有愛，改變一下溝通方式，這個關口總可以跨過。

10 中年的婚姻危機

很多人說，中年，才是婚姻的最大危機。

那是因為人到中年，男人要從事業的頂峰開始下滑，女人卻要面對更年期的身體變化（或退化），還有青春期孩子的衝擊，照顧年邁的上一代的壓力（甚至長期臥病在床）等，都會為二十年以上的婚姻帶來壓力，如果婚姻的根基不穩，就會「出事」。

像多年前在一個婚姻講座遇見的她，「有一天，老公突然回家跟我講：『他不愛我了！

他要離婚！』跟著就搬了出去，從此不回！」可悲的是，她四處打聽，還是找不到這位「失蹤老公」。

一個男人為何會無緣無故失蹤？會有甚麼先兆？

「一點都沒有啊！」我知道這樣直接問她是沒有結果的，唯有聲東擊西試試：「老公步入中年，你有否發覺他有何跡象？」

「常常埋怨，覺得工作壓力很大，又怕自己被公司淘汰……」

「那你怎樣安慰他！」

「我叫他別想那麼多，好煩啊！」

她覺得他的煩惱不是煩惱，對他總是不理不睬。結果，他選擇逃避，一走了之。最後聞說他找到懂得安慰陪伴的第三者，重新有種「初戀」的甜蜜感覺，很決絕的要求離婚了……

很多時候，碰到中年婚姻觸礁，打算離婚的夫妻，我都會多問一句：「你真的不愛對方了嗎？否則，你不會這樣生氣啊！你真的想得一清二楚要離開對方嗎？……」這盆冷水一定要澆，因為見過不少中年夫妻，他們之間的所謂誤會嫌隙仍有挽回的餘地，不是「非離婚不可」。

中年危機的確會為婚姻帶來衝擊，但也可能是可以重燃舊情的火花，讓彼此重新檢視這段關係，改變習以為常的溝通相處模式，找到共同努力的人生夢想。說不定，是婚姻關係的另一個新契機呢！

11 丈夫成了垃圾？

日本的一個民調發現，超過八成的離婚女性覺得丈夫是家中的大垃圾，認為將丈夫清除在她們的生活之外是一樁好事。怎會有這樣的想法？

心理學家推測，這是因為人到中年，男人已走到事業的高峰，隨著後浪湧過來，他們這些前浪感受到「將要被淘汰」的壓力。至退休回家，覺得前半生花在工作上，現在該是時候好好陪太太。怎知道女性卻因著子女長大成人，卸下往昔照顧孩子的重責，重新檢視人生，展開人生的另一頁。

像他跟她就是如此。他剛六十在公司退休，回到家中天天就要她陪伴在側，她卻想外出跟閨蜜約會旅行，或喝個下午茶逛逛公司，他都會給臉色她看。

這天，她終於受不了，約我面談。

「老公好煩，每天在家中自怨自艾，對甚麼事情都不滿，甚麼地方都不想去，就是要我陪著他！」她覺得自己快被「困死」了，甚至想到「離婚」。

「千萬別輕舉妄動！你們兩口子熬了這幾十年，現在正是可以好好相處，自由自在的時候啊！」

「但要我天天陪著他，真的受不了啊！」

我建議她跟老公好好坐下來談談，一個星期的日子可以怎樣重新安排。甚至問問老伴有哪些埋藏已久的夢想，或很想重拾的嗜好，大力鼓勵支持對方嘗試。如果找到一個嗜好，如網球，大家可以一起學，更好。

「但請盡量控制自己的嘴巴，不要單單打打，用挖苦諷刺的說話來嘲笑對方，這只會讓他更感到自卑無用，甚至反唇相譏，那就不好了！」

明知這些話不中聽，但看在「老友」份上，不得不說。真希望他倆能走過這個中年關口，她有天會發現：老公不是垃圾，而是個「大寶物」呢！

12 別對老公說的話

女人總以為跟男人（特別是老公）說話，可以口沒遮攔，有話直說。其實不然。

像這天，她見到他在夾菜，就忍不住說：「要夾這雞腿給客人，怎麼夾了雞胸肉？」見到他被老婆「指點」，面有難色。

咱們女人嘛，就是愛指指點點。「這個不滿意，那個不行」，總是覺得老公所做的，不合我們心水。但聽在老公耳裡，往往不是味兒。

「老婆常說我做得不好，買的禮物又不合她心意，怎辦？」這是「愛妻號」男人常提出的問題。

所以有機會主講一些婚姻講座，總會對在座的姐妹發出叮嚀勸告：有些話，千萬別隨意出口。因為會傷了男人的自尊，也傷害了彼此的關係。如：不要隨便拿他跟其他男人比較。比較的話有誰愛聽？「你看陳生多愛太太，一有空就會跟太太去旅行，你怎麼不學學人家？」但聽在男人耳裡，就會覺得你言下之意是「說『我不夠愛你』，因為沒帶你去旅行！」

不要一生氣就用「分居」、「離婚」做威脅。兩夫妻吵架，女人很容易把話「說得很盡」：「既然這樣，不如離婚吧！」小心這個「不如離婚」，多講就可能變成丈夫在外有第三者的導火線。

不要說那些批判他貶低他的話。好像說他「不上進」、「無用」等都是大忌。別以為跟他說「我想你努力一點、進取一點」是鼓勵他，但他聽起來卻會覺得是在批評他。還不如多中點（即有point）鼓勵：「見到你很努力跟朋友聯繫找新工作，相信你一定成功的！」男人需要的，正正是這些「肯定的語言」。

不要把他的父母也扯進去。雖然明知道夫妻的吵架模式，甚至個人的自我形象、價值都跟原生家庭有不可分割的關係。但知道是一回事，對著老公明明白白的講，又是另一回事：「你這副吊兒郎當的德性，就跟你爸一樣！」其實也是在傷害他的家人啊！

還是那句：多讚美欣賞，少埋怨批評，夫妻的溝通關係就會如魚得水。

13 懷孕：是喜？是憂？

一直渴望懷孕的她，終於得償宿願。

「我終於懷孕了，真是好開心！」從電話中也能感受到她那份喜悅。說到底，她跟老公都年紀不輕。剛結婚的日子，兩口子說要好好過二人世界，不要孩子。到現在年過四十，卻想盡辦法生孩子，這趟終於心想事成，心底也替他倆高興。

「早上起來有沒有害喜？」

「還好！不過胃口改變了，從前很怕吃甜酸，現在卻狂想吃。還會半夜三更叫老公買來給我吃呢！」

她還告訴我，自從懷孕之後，動輒就會發脾氣。受罪的，當然就是老公。

「不知道是否因為身體的激素分泌變化，我覺得自己很『躁』，有時一句不合聽的話，就會無名火起三千丈，幸虧老公理解啊！」

她該感恩有這樣一位懂體諒的老公。我聽到的故事，她算是最幸福的孕婦了。因為有些男人不理解女性懷孕的不適，如會嘔吐大作，睡眠不佳，或對懷孕產生莫名的恐懼，如吃甚麼會影響胎兒等等。坊間也充斥著孕婦「這個不能吃」、「那個姿勢不能做」，讓孕媽媽覺得處處都充滿危險，承受不少壓力。

「老公更建議，這個聖誕是兩口子最後一次『二人世界』旅行，但現在疫情嚴峻，我怕染上 Covid 影響胎兒，但老公酷愛旅行，堅持我們打了三針『無有怕』，你說怎辦？」

沒想到，這位幸福賢妻也有她的苦惱。我建議她把內心的擔憂向老公陳明，既然他一直是「愛妻號」，事情該有轉圜的餘地。

「不如跟他來個本地的『staycation』，等 BB 出世一歲後才一家去玩吧！」

真希望他倆能安穩度過這個婚姻的「難關」。因為懷孕帶來喜悅，但也帶來不少擔憂，這段時期更要小心維護婚姻關係呢！

14 孩子成了第三者

他跟她結婚多年，終於聽到她懷孕的消息，當然替她高興。這兩年，夫妻倆就忙著湊孩子，想約他們吃一頓飯都難。

「孩子怎樣了？你倆還好嗎？」因為自從孩子出生這兩年多以來，他倆幾乎斷絕跟身邊好友來往。

「唉！老婆自從孩子出生後，就把所有心思時間都放在孩子身上，每天下班回家就是忙著張羅兒子需要的吃喝拉睡，有時想跟她外出吃個飯都不願意……」言下之意，孩子的出生就成了他倆婚姻的「第三者」，但可悲的是，他的老婆完全沒有這種想法。

這也是不少年輕夫妻生了孩子後碰到的「大問題」。那就是自從孩子出生後，太太對孩子的關愛無微不至到一個程度，甚至超越了對丈夫的關心。

「你說得對！有時感覺她完全不把我的需要放在眼內，她的眼中只有『乖仔』！」

我也聽過有些夫妻生了兩個小孩，為了方便照顧。老大跟老爸睡，老二便跟媽媽睡，夫妻從此分房而睡。最大的危機是，兩夫妻很容易漸行漸遠，關係被磨蝕至「失卻親暱」，最後變成相對無言，感情化淡，最後離婚收場。

「老婆跟我說：『這就是母愛，是天性來的！』，是嗎？」說得也對。但這天性讓女性忽略了對丈夫的愛與照顧，而在寂寞難耐的誘惑下，讓丈夫墮進「出軌」的陷阱，就變成覆水難收了。

所以我常當「醜人」，勸那些把孩子看得過重的太太們，無論怎樣也要兼顧老公的需要，不能老是想著孩子，卻對老公視而不見，更極端的是「不讓老公參與照顧孩子」，把一切責任都攬在自己身上。這樣做的話，只會把老公推往外跑，到時就不要怪責他為何「今天不回家」了！

15 別讓「沒時間」成為藉口

每一個星期，你花了多少時間跟孩子一起？那又花了多少時間跟配偶一起？

相信不少父母，都是花時間跟孩子一起的多，特別是媽媽。

在不少親子講座中問到夫妻之間會否有時間來約會一下，大部分都是搖搖頭。大家的答案都是：沒時間。

真的是沒時間嗎？還是夫妻拍拖相處沒有列入生活的優先次序？時間管理專家，通常把時間的優先次序分成四類：

1－馬上做的：就是那些重要且緊急的。可能是阿女明天考試，工作上要交的會議記錄等。

2－可不做的：就是那些不緊急也不重要的，可能是別人的要求，但不一定要成為我們的負擔。像這陣子我忙著準備外出公幹的工作，偏偏有朋（或不一定認識的）從遠方來，想約見個面，我都禮貌婉拒，因為實在沒有時間。

3－可做可不做的：就是那些緊急卻不重要的，更可能是非我們專長。記得有一陣子拍片要剪接跟打字幕，我「膽粗粗」上網學了，但因要花很長時間，結果還是找人幫忙算了。

4－重要卻不緊急，但容易忽略的：對一個家庭來說，就是夫妻之間的相處。我們總以為每天都見面，還用花時間相處嗎？對，一個星期起碼有一個半晝，談談心事，講講夢想，吃個下午茶，或找個地方晚餐，都好。如果真的沒時間，每天晚上回家抽十五分鐘聊天喝茶，或來個睡前靠在一起聊聊天，總有時間吧！

一直相信，時間是逼出來的。如果我們重視婚姻，深深明白夫妻相處是要花時間甚至心思的，就在個人的時間表內，定下一個時段，如星期一晚上，就是跟配偶約會的時間，並且告訴孩子：今天晚上爸爸媽媽拍拖去！他們會看在眼裡，長大也會跟著做呢！

16 情緒按鈕

這天，他在辦公室被上司痛罵，但作為小職員的他，只能啞忍。回到家中，老婆對他說：「趕快過來，幫我替小B換片，跟著幫大B洗澡……」

「我好累，讓我歇歇可不可以？家中有菲傭，為甚麼偏要我幫忙……」

「我們不是說好讓菲傭負責洗衣煮飯，孩子的起居飲食安排，都是我倆分工的嗎？」

「難道我不可以今天休假半天嗎？你不知道我工作一整天了，回家有多累……」

於是，小兩口就因為這些「小事」，大吵起來。是他不願意幫忙帶孩子嗎？是她不體諒老公的辛勞嗎？未必。

而是他在回家之前，被老闆痛罵，觸動了他的情緒按鈕，這才是關鍵。

其實，我們每個人都有不同的情緒按鈕，讓人面對一些突發的、措手不及的事情，會有很激烈的反應。如：每天開車的我，會碰到一些脾氣火爆的司機，當在紅燈轉綠燈稍遲疑開車時，他們就會「響咹」，甚至試過把車子繞在我旁邊用粗口怒罵。如果那天心情不好，很容易被這些「按鈕」挑釁情緒，怒火中燒，帶著這樣的心情回到家中，就很容易跟配偶發生衝突。

不過，這些陌生人的挑釁還是小事，更難纏的，是發生在我們身邊的大小事件。如失業、失去至親，或在辦公室被排斥、老闆毫不留情的痛罵、同事的嫉妒揶揄，又或者人生階段的轉變：如青少年期、女性的產後抑鬱、更年期的臨到等等，都可以讓人情緒起伏，甚至變得敏感多疑，整天憂心忡忡，把自己陷入負面思維的反芻性思考之中。

所以，我常邀請身邊被情緒困擾的朋友，每天早上或晚上有段安靜反思的時間。特別是心情最糟糕的那天，花十五分鐘，讓自己的心安靜下來，問問自己：為甚麼今天會有這樣激烈的反應？是因為那個人？還是他的一句話？為甚麼這樣在乎上心？是因為原生家庭父母也常以這些話來「提點」我，其實是一種隱藏的傷害嗎？……

有了自覺，就能抽絲剝繭，抽出心中情緒按鈕的元兇，然後逐一面對。真的面對不了，就一定要尋求專業的幫忙，特別是每天都陷入情緒低谷，被負面思維纏得無法喘氣的你，可以試試打熱線向願意聆聽的人求助啊！

17 別忽視倦怠

認識不少夫妻都說工作忙，湊仔忙，還有照顧家人也很忙，根本沒有時間空間好好相處。但我好歹也會說一句：「明白的，但要小心別弄壞身體，還有留意『職業倦怠』（Burnout），那是一種情緒化的狀態。」

世界衞生組織在二〇一九年頒布的國際疾病分類，「倦怠」已經可以列作醫療診斷，並指出倦怠綜合症的診斷包含三個主要元素：感到失去精力、對工作產生負面情緒及專業能力下降。這是不容忽視的現象。

當然，除了對工作的熱誠改變之外，還有其他導致現代人容易倦怠的原因：如睡眠時間不足或不穩定，年輕的日子可能覺得熬一天夜不睡無所謂，但到了某個年紀，就會感到一覺醒來，精神不振。

又或久視久坐缺乏運動，久視就是「用眼過度」、「專注於某事物太久」（通常是電腦），久坐是我們常犯的毛病，幸虧現在有智能手錶提醒我們坐久了要起來走動一下。

更沒想到的是，「缺水」也會造成疲勞，原來人在缺水的情況下，血容量會降低心臟傳輸氧氣的速率變慢，最後導致體力下降容易疲勞。所以每天最好喝八至十杯水呢！

但當我們不聞不問，愛理不理，任由自己在忙碌中度日，就會讓身體開始吃不消，心情也會逐漸低落。人會急躁易發脾氣（很容易會跟配偶「吵架」）、常常陷入憂慮擔心之中（很容易變得思想負面，難以溝通）、表現冷漠（對所愛所關心的人不理不睬），這些都是婚姻的炸彈，不可不防。

記得認識的他跟她就是這樣。本來，她開開心心地恭喜老公升職，怎知升職之後，他甚獲老闆器重，工作量愈來愈多。加上他又是個老好人，跟同事相處得來，同事見他這樣「好人」，就把一些瑣碎的難度高的工作也「拜託」他，說甚麼「能者多勞」。就是這樣，他一天比一天晚回家，就算回到家中，也是「人在心不在」，累得要死躺在沙發上睡著了。她眼見這個筋疲力盡的丈夫，甚麼家事都幫不上忙，又沒精神好好溝通……兩口子很容易因為一些小事大吵起來。歸根究底，就是他一直處在職業倦怠的邊緣而不自覺。

很多時候說夫妻不和，溝通出現問題，其中一個原因就是：大家都倦怠，都累透了！

18 停頓有時

每逢星期一，你會否有一種倦怠的感覺，不想上班又不能不上？韓國對這類倦怠的上班族做了一個調查，發覺三十世代的比例高達 75.3%，發覺千禧世代是最容易經歷倦怠的群體，並稱之為「烤吐司症候群」。因為他們承受著來自家庭、社會的高期望，還有內心的自我要求，帶來的是持續的生活壓力與無奈感，讓人疲於奔命，就如一塊「微微烤焦的多士」，看似無害但其實充滿「內傷」。

說真的，這種徵象我們又何嘗沒有呢？有人說，這是介乎拚命向前（可能是盲目跟從、身不由己）與無奈被迫停頓（因為失業，或家人自己患病被迫要從職場退下）之間的狀態。

所以，生活當中應該要有停頓。就是讓自己知道，為何而做？為誰而做？為何今天有這樣的經歷？甚至今天見到的人，又可以跟我建立怎樣的關係……

從這些自問與角度，重新審視自己的目標、時間安排、人生方向等，自然會看到在這些不同層面上，我們花最多的心力與時間在哪些地方。

但這種的審視反思，需要每天停頓下來想想才行。對我來說，就是每天早上大概有十五分鐘，看看未來幾天的行事曆，有哪些需要刪減的，有哪些上心的人必定要約的，怎樣安排我每個星期的體能訓練、乒乓，還有打保齡球的零碎時間。

當然，我也會在一兩個月中間，抽點時間來自問：到底，我要選擇怎樣的工作？要經營怎樣的人生與婚姻家庭？怎樣安排人生下半場？要跟誰繼續做朋友？別小看這些問題，其實都是人生的大哉問，讓我們知道該往哪個方向前進。

對夫妻而言，二人同時有個人的 me time 與反省時間，就能安排出二人世界的時間。像我今天寫這篇稿，就是跟老公在西貢酒店 staycation 抽了點時間出來寫的。

所謂「忙碌」，其實是疏於自省的藉口。要評估我們是否「有時間」，通常取決於事情的優先次序，是否樂在其中，或帶來鼓勵振奮……如果我們「想」做的事情，「想」見的人，就算多忙也擠得出時間呢！

當我們懂得擁抱停頓，讓忙碌生活的步伐稍慢暫停，自然會發覺，我們是「有時間」，絕對可以忙裡偷閒的。

19

分隔異地的危機

接到她的電話，原來是道別的。

「我下個月便會跟孩子移民外地，有空跟我吃個飯嗎？」

當然可以。到底是相識多年的朋友，說走就走，實在有點唏噓。

「此行最重要的是替孩子找學校，讓他在那兒安定後，我再打算看看？」

「找工作嗎？還是會回港陪老公？」

「不回來了！老公剛升職，留在香港賺錢，我就留在那兒專心照顧兒子。」

「噢！」我輕輕回了一句，也不敢多問。

「若是可能，多回港看看老公吧！孩子已經十八歲，懂得自己照顧自己了！」我還是忍不住，勸了幾句。

老實說，我心中是不贊成他們夫妻分隔異地的，因為要面對的危機也不少。

先說留港的丈夫，每天回到家中對著四道牆，太太兒子都不在，寂寞的日子怎樣打發？萬一辦公室出現了一個關心他的異性，一段婚外情就很容易萌芽了。還有就是孩子在最需要爸爸引路的年齡，缺少了爸爸在旁的支持，可能很影響他的自尊與自信。

至於留在那邊的太太，個人要擔起照顧孩子，一天三餐的張羅，還有管理一頭家的責任，安排每天的衣食住行，都不是一件易事。再加上要開車接送，冬天又要剷雪，夏天又要除草，實在忙透。

當然，也有人建議，只要夫妻倆彼此信任，天天通電話，盡量減少應酬，把自己關在家中自律，建立自己獨特的生活節奏（如一周跑三次步，或做三次運動等），才能抵禦分隔兩地帶來的誘惑。

不過說到底，分隔兩地的夫妻最需要面對的是：聚少離多。過時過節，最好能安排彼此見面，互訴心曲。但無論如何，這段分開的日子還是愈短愈好，別讓夫妻掉入任何試探的陷阱啊！

20 七年之癢要當真？

他跟她結婚十多年了，怎說也想像不到這對自中學已認識的恩愛夫妻最終是離婚收場。原因是意料之內的：第三者。

他的工作是早出晚歸，還要面對勞苦大眾。疫情期間，她為了「保護家人」，不允許老公回家睡覺，要他在外頭租房子住。就算回家也要全身消毒，分房而睡。就是這樣讓「第三者」有機可乘，而她就是公司裡剛調過來年輕貌美的新下屬。最後，因為她無意中偷看他手機，發現了兩人的「戀情」……更沒想到的是，他執意相信這是一段真感情，決意拋妻棄子，跟「第三者」另組家庭。

看著眼前哭成淚人的她，我只能攬著，告訴她：「想哭就哭吧！」

從前，我們常說是「七年之癢」，但就現在聽過的婚變故事，七年之癢有之，十多年的也不少。

為何會出現七年或十四年之癢？原因很簡單，就是生活一成不變，失去了那份驚喜或新鮮感。又或者是人會變的，價值觀也會隨年日處境改變，兩夫妻因價值觀不同（如一個是守財奴，一個揮金如土）而漸行漸遠。當然，一方對另一方不滿，經常嫌這嫌那，一天到晚都在埋怨，都會讓「第三者」乘虛而入，家庭面臨破碎的危機。

所以，夫妻若一方察覺溝通出現問題，就要想辦法補救。如聽聽婚姻講座，找輔導幫忙，每星期約會配偶看電影或用餐等，主要是製造多些共同的時間與美好回憶。至於大問題的「價值觀」迥異，就要好好坐下來談談，從長計議。若一方發覺自己老是對配偶不滿，常訴諸「言語」的話，就要學習調適改變，「愛與鼓勵」的語言永遠比「單打揶揄」奏效。

總之，感覺「婚姻之癢」的話，就要快快搔著癢處，勿延遲！

21 女人的沉默

還記得那天，她出軌的老公哀求她來見我。

跟她見面時，她的臉容是繃緊的，毫無笑容。無論我嘗試從哪個角度切入，盼望她可以跟老公和好如初，原諒老公的出軌。怎知她的反應卻是：「我現在跟他已經無話可說，離婚是最佳的選擇。」

「還有，麻煩你告訴我老公，他每個星期只可以探望女兒一次，並要準時帶她回來。

平日不能走近家門半步，否則我會採取法律行動……」

我深明白，當一個女人決絕起來，是沒有挽回餘地的。而一切的決絕，始於她對丈夫的沉默。

說來，女人的沉默跟男人很不一樣。男人的沉默是在思考，但滔滔不絕的女人選擇沉默，卻有另一種意義。

女人生性話多，特別對著所愛的男人。難怪有人說：「女人嘮叨你的程度，就是愛你的深度。」女人因為在乎你（老公），看到你有甚麼不順眼的地方就會直話直說。雖然有時說得「難聽」，骨子裡卻是滿滿的愛。

但當一個女人變得沉默無語，做丈夫的切勿掉以輕心。

開始的時候，可能是夫妻間的「冷戰」，隔一陣子道個歉，可以「床頭打架床尾和」。但若女人對你漠不關心，甚至完全失去跟你吵的興致，更不期望你有任何改變，那就代表她的心已死，心門早已緊閉。

女人的沉默蘊含著多少的無奈、失望，是心灰意冷與心力交瘁的結合。那個時候，男人再作出任何的挽留也是於事無補。

記得見過想挽回婚姻的他，在死了心的她面前跪地痛哭（哭得我也心碎），那邊廂的她卻是別過頭來，毫不動容。還狠狠地說：「你不用哭了，我是不會被你打動的。」

所以，女人的沉默背後，是一顆狠狠的心。

22 熟年離婚

最近聽到他倆離婚的消息，有點吃驚。到底，夫妻相處了幾十年，怎能說離就離？「我受不了他的壞脾氣，尤其是退休後，常常無理取鬧……我要跟他離婚，還我自由！」

看著年過半百的她那副義無反顧的樣子，知道她心意已決，也沒挽回的餘地。

想起這些年聽到比爾蓋茲與結婚二十七年的太太梅琳達離婚，梅說出的原因是「大家需要走一條不同的道路。」又或者亞馬遜創辦人貝佐斯離婚，都是中年離婚的例子。當然還有日本流行的熟齡離婚趨勢，在二〇一五年一份針對六十至七十九歲的日本高齡夫婦進行的問卷調查中，就「如果有下輩子，還會和目前的配偶結婚嗎？」這問題，選擇「會」的日本人妻遠低於百分之三十，而願意的人夫則高達百分之六十，可見熟齡離婚都是女性提出居多。

而熟年離婚的原因，不一定跟婚外情有關。特別是女性在丈夫退休，子女成長另組家庭，她的包袱放下了，於是開始追求自己想過的生活與夢想。當然，另一個原因是現代人比較長壽，就算到了六十歲，還有二三十年日子可以過，就會想「這是我下半輩子要過的生活嗎？」進而萌生了離婚的念頭，最後付諸行動。

不少女性認為她們之所以這樣選擇，是看透了婚姻，從以前將生活重心從孩子丈夫身上，放回自我價值與滿足的層面上，找回自己的初心。

看著眼前的她，只希望她真是考慮清楚，而不是一時衝動。說到底，她還要想想彼此的財產分配、怎樣跟在外地唸書的孩子交代，不是說離就離這樣瀟灑吧！

「有想過一個人生活你習慣嗎？有足夠的財政儲備過下半生嗎？生病時誰來照顧……」終於忍不住問了她連串問題，希望她三思呢！

23 人到中年再談愛

情人節剛過，身邊不少網友，都把跟情人燭光晚餐的照片放了出來。看見別人的浪漫，會有點羨慕，但心中卻隱隱覺得，兩個人相愛相親就夠。何必花費昂貴，去吃一頓匆匆吃了又不知其味的貴價晚餐呢？還不如窩在家中，因為有愛就算簡簡單單吃著蒸鯧魚炒白菜，也覺美味。

以前總認為，愛要愛得轟轟烈烈，才夠浪漫。人到中年，卻覺得太過轟烈，天天激情，我們的心臟負荷不了。

以前總覺得，愛就是要隨傳隨到。人到中年，更明白各人都有自己忙著要做的事，也有生活的優先次序，不能隨便耍性子要求所愛放下手邊工作，為的是「自己」，那是一種自私與無知的愛。

以前總認為，愛要說出口，才是真愛。人到中年，更覺得愛就是為勞累的他按摩，為疲倦的她送上一壺暖茶，兩個人一起煮煮新菜式，已經很浪漫。

以前總覺得，送出的禮物要別出心裁，就代表對對方愛得用心。人到中年，卻覺得最好的禮物就是陪著對方做一起愛做的事（如打保齡），哈哈！

以前總覺得，愛一個人要天天製造新鮮感。人到中年，更覺得新鮮有新鮮的好，陳舊有陳舊的美，兩者都很好。

以前總覺得，愛一個人就是為他做任何事。人到中年，更明白婚姻是一種彼此的分擔，各有各的任務，最主要是彼此配合。

以前總覺得，愛要有要求，對方最好會滿足這種要求。人到中年，更明白太多要求是奢求，說不好還成了「強求」。

以前總覺得，愛是兩個人的事，不管人家怎說。人到中年，更深深明白愛不單是兩個人，更是兩家人或彼此朋友的事。真正的愛是可以感染別人，而不是困在二人世界中啊！

24 晚婚的適應

他跟她都是晚婚一族。

他是她唸進修課程的講師，也是圈子中有名的「鑽石王老五」。她對他一直傾慕，他對她卻有點兒一見鍾情。他沒想過，眾裡尋她千百度，卻在課室遇見她。

她也是條件超好，美貌智慧並重不在話下，就算年過四十看上去也是三十出頭。年輕時，不乏裙下之臣。但她是完美主義，對未來伴侶要求很高，直到遇上他，覺得這位愛慕對象簡直是一百分。

於是兩個人拍拖不到一年，就決定「拉埋天窗」。婚禮上，大家都覺得才子佳人是天作之合，送上深深祝福。

怎曉得最近見到的她，瘦了一圈，一臉茫然。怎會這樣？

「原來夢想跟現實相差這樣遠，我感覺對著老公有種無形的窒息感。他請客我盡量配合，但他卻漠視我的需要。難道我要一世遷就他嗎？」

一起生活後，她才發覺兩個人的生活習慣大大不同。她以前獨居，過的是規律的生活。習慣了自由自在的生活。他則是夜貓子，不到兩點不睡，不愛受管束。

她愛跟愛人遊山玩水，他則愛呼朋喚友到家共聚。她愛二人世界的安靜，他卻愛「齊娃娃」眾樂的熱鬧。

「他每一次在家請客，我都盡量配合。但客人走後，我總是有種不甘無奈，為何總是我遷就他，他不遷就我？」

「那你有否好好跟他表達你的想法需要？」

「有啊！我大聲跟他說，他總是不聽。老覺得我在發小姐脾氣！」

「你是邊生氣邊表達嗎？」

「這個……」她語塞了。

「當你心平氣和時，可以溫柔告訴他：『我好想你陪我去行山或看電影啊，可以嗎？』」

同一句話，表達的語氣與身體語言也很重要。

當然，晚婚的中年人（比起年輕人）其中一個優勝之處，是他們有豐富的人生歷練，情緒控制與同理能力也較強。我有信心，假以時日，她跟他一定可以走過這難關的。

25 熟年再婚

這天，在餐廳跟從外地回來的她，來個久別重逢的閨蜜會。

「你知道我跟他再婚嗎？」

「哪個他？」

「離婚的前夫啊！」

「真的！太好了！我想聽聽你跟他的故事啊！」

只隱約記得，她跟他的婚姻路一直崎嶇不平。小孩還小的時候，她覺得他不顧家，很想狠下心離開，但又捨不得孩子。最後，像很多女人一樣，為了給孩子一個完整的家，放下了「離婚」的念頭。

至孩子長大了，都唸大學了。某天，她突然發現丈夫跟一位女子在手機上的甜蜜對話。

「我為他犧牲了這樣多，他竟然不領情，還發展婚外情……」一氣之下，立刻簽字離婚。但因為經濟緣故，她跟他仍生活在同一屋簷下，孩子也不知道父母已經簽字離婚。

「身邊的人知道嗎？」

「不知道。只有我們兩個知道！」

真的沒聽過這樣的「離婚」夫妻。

「那你又為何改變主意，選擇跟他再生活一起？」

「其實，大家分開期間，也跟異性交往過，但感覺怪怪的。」她言下之意是兩個人生活在一起幾十年了，早習慣了，換了另一個，反而不慣。

「最後，我開始自我反省。看到自己在婚姻關係的不足之處，好像我直率的個性，講話『沒尾音』，一點都不溫柔，難怪老公受不了……」

於是，她開始改變，特別是對老公的態度。學習講話帶有輕輕的尾音：「下個週末，我們把孩子留在家，一起去海邊度假好不好啊？」

結果，老公見她改變，感動了。離開了那位第三者，回到愛妻身邊。兩個在去年重訂婚盟。

「那是我近期聽過一個最美麗的熟年再婚故事！」這趟見到的她，神采飛揚。

「等下跟你吃過飯，就跟老公去按摩嘆世界！」見到她開心，我也樂了！

26 感情幸福指標與伴侶無關？

無意中讀到一篇文章，談及伴侶感情的幸福指標該是甚麼。很多人都以為，該是跟夫妻之間的興趣、價值、信仰有關，但根據大數據研究訪問了一萬多對伴侶得出來的結果，原來跟這些條件都沒有必然關係。結論竟然是：「除非你能讓自己幸福，不然誰也不能讓你幸福。」

不過，團隊在後續的研究指出，確實有幾項特質是能預測將來跟配偶的關係是否幸福的。這些特質就是：

對生活感到滿意：一個感恩知足的人，活得開心，也可感染身邊的人，當然包括配偶啊！

能相信他人並懂得自我表達的：這關乎到一個人的安全感，如果自我感覺良好，滿有安全感，自然容易對他人產生信賴，也會敢於表達自己的感受與看法。擁有這些特質的人，跟人交往會很自在，親和力也強，跟配偶的相處也自然如魚得水了。

盡責守規：就是凡事會全力以赴，說得出做得到，守時也守規矩，做事有條理，給人的感覺是一個「可信賴」的對象。

成長思維：他們相信智慧是可以繼續培養的，勇於接受挑戰，做起事來會努力堅持，以平常心面對批評並從中找到自己可以改善學習的地方，並能從他人的成功中得著啟發。

細看這些個性特質，都是跟個人有關，而不是對伴侶的要求。換句話說，當我們沒有安全感，就不要指望找一個配偶就能給我們安全感。當我們沒有自信，就不要奢望找一個配偶就讓我們充滿自信。當我們覺得自己永遠是個失敗者的時候，更不要期望找一個配偶就讓我們充滿成功感。

這也是我常給渴望談戀愛的朋友的忠告：要吸引或遇上那位百分百的情人，就讓自己先成為那個百分百的人吧！

責任編輯
李宇汶
書籍設計
三聯設計部

書名
婚久必合——讓恩愛續燃的62個提案
作者
羅乃萱

出版
三聯書店（香港）有限公司
香港北角英皇道四九九號北角工業大廈二十樓
Joint Publishing (H.K.) Co., Ltd.
20/F., North Point Industrial Building,
499 King's Road, North Point, Hong Kong
香港發行
香港聯合書刊物流有限公司
香港新界荃灣德士古道二二〇至二四八號十六樓

印刷
美雅印刷製本有限公司
香港九龍觀塘榮業街六號四樓A室
版次
二〇二五年三月香港第一版第一次印刷
規格
三十二開（125mm x 183mm）二二四面
國際書號
ISBN 978-962-04-5623-7

三聯書店
http://jointpublishing.com

JPBooks.Plus
http://jpbooks.plus